IMITATION DE IESCHOUAH

Adaptation
par
Jean-Louis de Biasi

Academia Platonica
www.AcademiaPlatonica.com

Éditeurs : Jean-Louis de Biasi - Patricia Bourin

Éditions Academia Platonica © 2019
6300 Jane Ave, Pahrump, NV 89061, USA
contact-ap@AcademiaPlatonica.com
Fabriqué aux États-Unis
ISBN : 978-1-926451-26-8

Découvrez les autres publications de "Academia Platonica"
www.AcademiaPlatonica.com

SOMMAIRE

4

LIVRE PREMIER - AVIS UTILES POUR ENTRER DANS LA VIE INTÉRIEURE

1. Qu'il faut imiter Ieschouah et mépriser toutes les vanités du monde

1. « Celui qui me suit ne marche pas dans les ténèbres ». Ce sont les paroles de Ieschouah, par lesquelles il nous exhorte à imiter sa conduite et sa vie, si nous voulons être vraiment éclairés et délivrés de tout aveuglement du cœur. Que notre principale étude soit donc de méditer la vie de Ieschouah.

2. La doctrine de Ieschouah surpasse toute doctrine des Saints et qui posséderait son esprit y trouverait la manne cachée. Mais il arrive que plusieurs, à force d'entendre ces récits, n'en sont que peu touchés, parce qu'ils n'ont point l'esprit de Ieschouah. Voulez-vous comprendre parfaitement et goûter les paroles de Ieschouah ? Appliquez-vous à conformer toute votre vie à la sienne.

3. Que vous sert de raisonner profondément sur la Trinité, si vous n'êtes pas humble et que par-là vous déplaisez à la Trinité ? Certes, les discours sublimes ne font pas l'homme juste et saint, mais une vie pure rend cher à Dieu. J'aime mieux sentir la componction que d'en savoir la définition. Quand vous sauriez toute la Bible par cœur et toutes les sentences des philosophes, que vous servirait tout cela sans la grâce et la charité ? « Vanité des vanités, tout n'est que vanité », en dehors du fait d'aimer Dieu et le servir lui seul en pratiquant la vraie humilité. La souveraine richesse est de tendre au royaume du ciel en nous détachant de l'emprise des passions du monde.

4. Vanité donc, d'amasser des richesses périssables et d'espérer en elles. Vanité, d'aspirer aux honneurs et de s'élever à ce qu'il y a de plus haut pour ce seul but. Vanité, d'être sous l'emprise des désirs de la chair et de rechercher ce qui peut nous enchaîner. Vanité, de souhaiter une longue vie et de ne pas se soucier de bien vivre. Vanité, de ne penser qu'à la vie présente et de ne pas prévoir ce qui suivra. Vanité, de s'attacher à ce qui passe si vite et de ne pas se hâter vers la joie qui ne finit point.

5. Rappelez-vous souvent cette parole du Sage : « L'œil n'est pas rassasié de ce qu'il voit, ni l'oreille remplie de ce qu'elle entend. » Appliquez-vous donc à détacher votre cœur de la dépendance des choses visibles, pour le tourner vers le spirituel, car ceux qui demeurent sous l'emprise de leurs sens se détournent de leur âme et perdent la grâce divine.

2. Avoir d'humbles sentiments de soi-même

1. Tout homme désire naturellement de savoir, mais que vaut la connaissance sans une morale fondée sur l'empathie ? Un humble paysan qui sert Ieschouah et pratique l'humilité est certainement fort au-dessus du philosophe superbe qui, négligeant sa conscience, peut disserter sur le cours des astres. Celui qui se connaît bien, sait ses véritables limites et ne se plait point aux louanges des hommes. Quand j'aurais toute la science du monde, si je n'ai pas l'humilité et l'empathie, à quoi cela me servirait-il face à Ieschouah ?

2. Modérez le désir excessif de savoir si vous n'avez pas posé les fondements de votre vie morale. Vous n'y trouveriez qu'une grande illusion. Les savants sont bien aise de paraître et de passer pour habiles. La multitude des paroles ne rassasie point l'âme. Mais une vie sainte et une conscience pure rafraîchit l'esprit.

3. Plus et mieux vous savez, plus vous serez sévèrement jugé, si vous n'en vivez pas plus humblement. Quelque art et quelque science que vous possédiez, n'en tirez donc point de vanité. Agissez avec encore plus d'exigence morale car votre responsabilité est plus grande ayant reçu de telles lumières. Si vous croyez beaucoup savoir et être perspicace, souvenez-vous que c'est peu de chose par rapport à ce que vous ignorez. Rabaissez votre orgueil et avouez-vous plutôt votre ignorance. Comment pouvez-vous songer à vous préférer à quelqu'un, tandis qu'il y en a tant de plus doctes êtres que vous ? Voulez-vous apprendre et savoir quelque chose qui vous serve ? Apprenez à vivre inconnu et à n'être compté pour rien.

4. La science la plus haute et la plus utile est la connaissance exacte de ce que nous sommes. Ne rien s'attribuer et penser favorablement des autres, c'est une grande sagesse et une grande perfection. Quand vous verriez votre frère commettre ouvertement une faute, même une faute

très grave, ne pensez pas cependant être meilleur que lui. En effet, vous ne savez pas combien de temps vous persévérerez dans le bien. Nous sommes tous fragiles, mais croyez que personne n'est plus fragile que vous.

3. De la doctrine de la vérité

1. Heureux celui que la vérité instruit elle-même, non par des figures et des paroles qui passent, mais en se montrant telle qu'elle est. Notre raison et nos sens voient peu et nous trompent souvent. A quoi servent ces disputes subtiles sur des choses cachées et obscures, que nul ne pourrait vous reprocher de ne pas connaître ? C'est une grande folie de négliger ce qui est utile et nécessaire pour s'appliquer au contraire curieusement à ce qui nuit. Nous avons des yeux et nous ne voyons point.

2. Ne vous dispersez pas dans des réflexions vaines sur le monde et les êtres ? Commencez par vous connaître vous-mêmes, l'esprit, l'âme, Dieu, puis l'univers. Considérez la voix du Verbe qui parle en dedans de vous. Sans elle nulle intelligence, nul jugement n'est droit. Considérez le divin qui est en vous, votre âme et votre esprit. Alors votre cœur ne sera point ébranlé et demeurera en paix. O Vérité, qui demeurez dans le divin secret de mon âme, faites que je sois un avec vous dans un amour éternel ! Souvent j'éprouve un grand ennui à force de lire et d'entendre. Cette paix intérieure est tout ce que je désire, tout ce que je veux. Que tous les docteurs se taisent, que toutes les créatures soient dans le silence et que la voix de mon âme se fasse entendre.

3. Plus un être est recueilli en lui-même et dégagé des choses extérieures, plus son esprit s'étend et s'élève, parce qu'il reçoit d'en haut la lumière de l'intelligence. Une âme pure, simple, formée dans le bien, n'est jamais dissipée au milieu même des plus nombreuses occupations, parce qu'elle fait tout pour honorer le divin et que, tranquille en elle-même, elle tâche de ne se rechercher en rien. Qu'est-ce qui vous fatigue et vous trouble, si ce n'est les affections immortifiées de votre cœur ?

4. L'homme bon et vraiment pieux dispose d'abord au-dedans de lui tout ce qu'il doit faire au-dehors. Il ne se laisse point entraîner, dans ses actions, au désir d'une inclination vicieuse, mais il les soumet à la règle

d'une droite raison. Qui a un plus rude combat à soutenir que celui qui travaille à se vaincre ? C'est là ce qui devrait nous occuper uniquement : combattre nos faiblesses, devenir chaque jour plus forts et faire quelques progrès dans le bien. Toute perfection dans cette vie est mêlée de quelque imperfection. Nous percevons les choses à travers un voile d'illusions. L'humble connaissance de vous-même est une voie plus sûre pour aller à Dieu que les recherches profondes de la science. Ce n'est pas qu'il faille blâmer la science, ni la simple connaissance d'aucune chose. Elle est bonne en soi, mais n'a pas le même objectif. On doit toujours préférer débuter par l'acquisition d'une conscience pure et une vie humble. Mais, parce que plusieurs s'occupent davantage de savoir que de bien vivre, ils s'égarent souvent et ne retirent que peu ou point de fruit de leur travail.

5. Si chacun avait autant d'ardeur pour extirper leurs vices et pour cultiver la vertu que pour remuer de vaines questions, on ne verrait pas tant de maux et de scandales dans le peuple, ni tant de relâchement dans les groupes spirituels. Certès, au jour du jugement on ne nous demandera point ce que nous avons lu, mais ce que nous avons fait; ni si nous avons bien parlé, mais si nous avons bien vécu. Dites-moi où sont maintenant ces maîtres et ces docteurs que vous avez connus lorsqu'ils vivaient encore et lorsqu'ils florissaient dans leur science ? D'autres occupent à présent leur place et je ne sais s'ils pensent seulement à eux. Ils semblaient, pendant leur vie, être quelque chose et maintenant on n'en parle plus.

6. Oh ! Que la gloire du monde passe vite ! Plût à Dieu que leur vie eût répondu à leur science ! Ils auraient lu alors et étudié avec fruit. Qu'il y en a qui se perdent dans le siècle par une vaine science et par l'oubli de leur conscience morale et du service de Dieu. Et, parce qu'ils aiment mieux être grands que d'être humbles, ils s'évanouissent dans leurs pensées. Celui-là est vraiment grand, qui a une grande humilité. Celui-là est vraiment grand, qui est petit à ses propres yeux et pour qui la plus grande gloire n'est qu'un pur néant. Celui-là est vraiment sage, qui, pour imiter Ieschouah, regarde comme de l'ordure, du fumier toutes les choses de la terre. Celui-là possède la vraie science, qui pratique l'humilité, développe sa conscience morale et reconnaît ses limites.

4. De la prévoyance dans les actions

1. Il ne faut pas croire à toute parole, ni obéir à tout mouvement intérieur, mais peser chaque chose selon votre conscience, avec prudence et avec une longue attention. Hélas, nous croyons et disons plus facilement des autres le mal que le bien, tant nous sommes faibles. Mais les parfaits n'ajoutent pas foi aisément à tout ce qu'ils entendent, parce qu'ils connaissent l'infirmité de l'homme, enclin au mal et léger dans ses paroles.

2. C'est une grande sagesse que de ne point agir avec précipitation et de ne pas s'attacher obstinément à sa propre opinion. Il est encore sage de ne pas croire indistinctement tout ce que les hommes disent, ce qu'on a entendu et cru et de ne point aller aussitôt le rapporter aux autres. Prenez conseil d'un homme sage, de votre conscience et laissez-vous guider par un autre qui vaille mieux que vous, plutôt que de suivre vos propres pensées. Une bonne vie rend l'homme sage selon Dieu et lui donne une grande expérience. Plus on sera humble, plus on aura de sagesse et de paix en toutes choses.

5. De la lecture de la vie de Ieschouah

1. Il faut chercher la manifestation du divin dans la vie de Ieschouah et non la science. Lisez avec votre cœur, plutôt que de rechercher d'abord des enseignements cachés. La vérité est simple pour ceux qui lisent avec leur cœur.

2. Le divin se manifeste de diverses manières et par des personnes très diverses. Dans la lecture de la vie de Ieschouah, souvent notre curiosité nous nuit, voulant examiner et comprendre lorsqu'il faudrait passer simplement. Si vous voulez en retirer du fruit, lisez avec humilité, avec simplicité et ne cherchez jamais à passer pour habile. Aimez à interroger. Écoutez en silence les paroles divines et ne méprisez point les sentences des vieillards, car elles ne sont pas proférées en vain.

6. Des affections déréglées

1. Dès que l'homme commence à désirer quelque chose désordonnément, aussitôt il devient inquiet en lui-même. Le superbe et l'avare n'ont jamais de repos, mais le pauvre et l'humble vivent dans l'abondance de la paix. L'homme qui n'est pas encore parfaitement mort à lui-même est bien vite tenté et il succombe dans les plus petites choses. Celui dont l'esprit est encore infirme, appesanti par la chair et incliné vers les choses sensibles, à grand-peine à se détacher entièrement des désirs terrestres. C'est pourquoi, lorsqu'il se refuse à les satisfaire, souvent il éprouve de la tristesse et il est disposé à l'impatience quand on lui résiste.

2. Que, s'il a obtenu ce qu'il convoitait, aussitôt le remords de la conscience pèse sur lui, parce qu'il a suivi sa passion, qui ne sert de rien pour la paix qu'il cherchait. C'est en résistant aux passions et non en leur cédant, qu'on trouve la véritable paix du cœur. Point de paix donc dans le cœur de l'homme charnel, de l'homme livré aux choses extérieures : la paix est le partage de l'homme fervent et spirituel.

7. Qu'il faut fuir l'orgueil et les vaines espérances

1. Insensé celui qui met son espérance dans les hommes ou dans quelque créature que ce soit. N'ayez point de honte de servir les autres et de paraître pauvre en ce monde pour l'amour de Ieschouah. Ne vous appuyez point sur vous-même et ne vous reposez que sur Ieschouah seul. Faites ce qui est en vous et Ieschouah secondera votre bonne volonté. Ne vous confiez point en votre connaissance, ni dans l'habileté d'aucune créature, mais plutôt dans la grâce de Ieschouah qui aide les humbles et qui humilie les présomptueux.

2. Ne vous glorifiez point dans les richesses que vous pouvez avoir, ni dans la puissance de vos amis, mais en Ieschouah, qui donne tout et qui, par-dessus tout, désire encore se donner lui-même. Ne vous élevez point à cause de la force ou de la beauté de votre corps, qu'une légère infirmité abat et flétrit. N'ayez point de complaisance en vous-même à cause de votre esprit ou de votre habileté, de peur de déplaire à Dieu, de qui vient tout ce que vous avez reçu de bon de la nature.

3. Ne vous estimez pas meilleur que les autres. Peut-être êtes-vous pire aux yeux de Dieu, qui sait ce qu'il y a dans l'homme. Ne vous enorgueillissez pas de vos bonnes œuvres, car les jugements de Dieu sont autres que ceux des hommes et ce qui plaît aux hommes, souvent lui déplaît. S'il y a quelque bien en vous, croyez qu'il y en a plus dans les autres, afin de conserver l'humilité. Vous ne hasardez rien à vous mettre au-dessous de tous, mais il vous serait très nuisible de vous préférer à un seul. L'homme humble jouit d'une paix inaltérable, la colère et l'envie troublent le cœur du fier.

8. Éviter la trop grande familiarité

1. N'ouvrez pas votre cœur à tous indistinctement, mais confiez ce qui vous touche à l'homme sage, humble et craignant Dieu. Ne flattez point les riches et ne désirez point de paraître devant les grands. Recherchez les humbles, les simples, les personnes de piété et de bonnes mœurs et ne vous entretenez que de choses édifiantes. Ne souhaitez d'être familier qu'avec Dieu, Ieschouah et les êtres peuplant les mondes spirituels. Évitez d'être connu des hommes pour des œuvres superficielles.

2. Il faut avoir de la charité pour tout le monde, mais la familiarité ne convient point. Il arrive que, sans la connaître, on estime une personne sur sa bonne réputation, mais, en se montrant, elle détruit l'opinion qu'on avait d'elle. Nous nous imaginons quelquefois plaire aux autres par nos assiduités et c'est plutôt alors que nous commençons à leur déplaire par les défauts qu'ils découvrent en nous.

9. De l'obéissance et du renoncement à son propre sens

1. C'est quelque chose de bien grand que de vivre sous la protection de Ieschouah. Il est beaucoup plus sûr de se confier à sa lumière protectrice plutôt que de s'en remettre qu'à soi-même. Quelques-uns ne s'abandonnent que par nécessité plutôt que par amour et ceux-là, toujours souffrants, sont portés au murmure. Jamais ils ne posséderont la liberté d'esprit, à moins qu'ils n'acceptent de tout leur cœur la protection de Ieschouah. Allez où vous voudrez, vous ne trouverez de repos que dans cette humble relation. Plusieurs s'imaginant qu'ils

seraient meilleurs en d'autres lieux, ont été trompés par cette idée de changement.

2. Il est vrai que chacun aime à suivre son propre sens et a plus d'inclination pour ceux qui pensent comme lui. Mais si Ieschouah est près de nous, il est quelquefois nécessaire de renoncer à notre sentiment pour le bien de la paix. Quel est l'homme si éclairé qu'il sache tout parfaitement ? Méfiez-vous un peu plus de votre sentiment. Si votre sentiment est bon et qu'à cause de Dieu vous l'abandonniez pour en suivre un autre, vous en retirerez plus d'avantage.

3. J'ai souvent ouï dire qu'il est plus sûr d'écouter et de recevoir un conseil que de le donner. Car il peut arriver que le sentiment de chacun soit bon; mais ne vouloir pas céder aux autres, lorsque l'occasion ou la raison le demande, c'est la marque d'un esprit superbe et opiniâtre.

10. Qu'il faut éviter les entretiens inutiles

1. Évitez autant que vous pourrez le tumulte du monde, car il y a du danger à s'entretenir des choses du siècle, même avec une intention pure. Bientôt la vanité souille l'âme et la captive. Je voudrais plus souvent m'être tu et ne m'être point trouvé avec les hommes. D'où vient que nous aimions tant à parler et à converser lorsque si rarement il arrive que nous rentrions dans le silence avec une conscience qui ne soit point blessée ? C'est que nous cherchons dans ces entretiens une consolation mutuelle et un soulagement pour notre cœur fatigué de pensées contradictoires. Nous nous plaisons à parler, à occuper notre esprit de ce que nous aimons, de ce que nous souhaitons, de ce qui contrarie nos désirs.

2. Mais souvent, hélas ! bien vainement; car cette consolation extérieure n'est pas un médiocre obstacle à la consolation que Dieu donne intérieurement. Il faut donc veiller et prier, afin que le temps ne se passe pas sans fruit. S'il est permis, s'il convient de parler, parlez de ce qui peut édifier. La mauvaise habitude et le peu de soin de notre avancement nous empêchent d'observer notre langue. Cependant de pieuses conférences sur les choses spirituelles, entre des personnes unies selon Dieu et animées d'un même esprit, servent beaucoup au progrès dans la perfection.

11. Des moyens d'acquérir la paix intérieure et du soin d'avancer dans la vertu

1. Nous pourrions jouir d'une grande paix, si nous cessions de nous occuper de ce que disent et font les autres, de ce qui ne nous concerne pas. Comment peut-il être longtemps en paix, celui qui s'embarrasse de choses étrangères et ne se recueille que peu ou rarement en lui-même ? Heureux les simples, parce qu'ils posséderont une grande paix !

2. Comment quelques saints se sont-ils élevés à un si haut degré de vertu et de contemplation ? C'est qu'ils se sont efforcés de mourir à tous les désirs incontrôlés de la terre et qu'ils ont pu ainsi s'unir à Dieu par le fond le plus intime de leur cœur et s'occuper librement d'eux-mêmes. Pour nous, nous sommes trop à nos passions et trop inquiets de ce qui se passe. Rarement nous surmontons parfaitement un seul vice. Nous n'avons point d'ardeur pour faire chaque jour quelques progrès et ainsi nous restons tièdes et froids.

3. Si nous étions tout à fait morts à nous-mêmes et moins préoccupés au-dedans de nous, alors nous pourrions aussi goûter les choses de Dieu et acquérir quelque expérience de la céleste contemplation. Le plus grand, l'unique obstacle, c'est qu'asservis à nos passions et à nos convoitises, nous ne faisons aucun effort pour entrer dans la vois parfaite de la vertu. Et, s'il arrive que nous éprouvions quelque légère adversité, nous nous laissons aussitôt abattre et nous recourons aux consolations humaines.

4. Si tels que des soldats généreux, nous demeurions fermes dans le combat, nous verrions certainement le secours de Dieu et de Ieschouah descendre sur nous du ciel. Car Ieschouah est toujours prêt à aider ceux qui résistent et qui espèrent en sa grâce et c'est lui qui nous donne des occasions de combattre, afin de nous rendre victorieux. Si nous plaçons uniquement le progrès de la vie chrétienne dans les observances extérieures, notre dévotion sera de peu de durée. Mettons donc la cognée à la racine de l'arbre, afin que dégagés des passions, nous possédions notre âme en paix.

5. Si nous déracinions chaque année un seul vice, bientôt nous serions parfaits. Nous devons croître chaque jour en ferveur et en vertu. Si nous

nous faisions d'abord un peu de violence, nous pourrions tout faire ensuite aisément et avec joie.

6. Il est dur de renoncer à ses habitudes, mais il est plus dur encore de courber sa propre volonté. Cependant, si vous ne savez pas vous vaincre en des choses légères, comment remporterez-vous des victoires plus difficiles ? Résistez dès le commencement à votre inclination, rompez sans aucun retard toute habitude mauvaise, de peur que peu à peu elle ne vous engage dans de plus grandes difficultés. Oh ! si vous considériez quelle paix ce serait pour vous, quelle joie pour les autres, en vivant comme vous le devez, vous auriez, je crois, plus d'ardeur pour votre avancement spirituel.

12. De l'avantage de l'adversité

1. Il nous est bon d'avoir quelquefois des peines et des traverses, parce que souvent elles rappellent l'homme à son cœur et lui font sentir qu'il est en exil devant mettre son espérance en Ieschouah et en Dieu. Il nous est bon de souffrir quelquefois des contradictions et qu'on pense mal ou peu favorablement de nous, quelques bonnes que soient nos actions et nos intentions. Souvent cela sert à nous prémunir contre la vaine gloire. Car nous avons plus d'empressement à chercher Dieu, qui voit le fond du cœur, quand les hommes au-dehors nous rabaissent et pensent mal de nous.

2. C'est pourquoi l'homme devrait s'affermir tellement en Dieu et Ieschouah, qu'il n'eût pas besoin de chercher tant de consolations humaines. Lorsque, avec une volonté droite, l'homme est troublé, tenté, affligé de mauvaises pensées, il reconnaît alors combien Dieu et son maître Ieschouah lui est nécessaire et qu'il n'est capable d'aucun bien sans lui. Alors il s'attriste, il gémit, il prie à cause des maux qu'il souffre. Alors il s'ennuie de vivre plus longtemps et il souhaite que la mort arrive, afin que, délivré de ses liens, il soit avec Ieschouah. Alors aussi il comprend bien qu'une sécurité parfaite, une pleine paix, ne sont point de ce monde.

13. De la résistance aux tentations

1. Tant que nous vivons ici-bas, nous ne pouvons être exempts de tribulations et d'épreuves. C'est pourquoi il est écrit au livre de Job : La tentation est la vie de l'homme sur la terre. Chacun devrait donc être toujours en garde contre les tentations qui l'assiègent et veiller et prier pour ne point laisser lieu aux surprises du démon, qui ne dort jamais et qui tourne de tous côtés, cherchant quelqu'un pour le dévorer. Il n'est point d'homme si parfait et si saint qui n'ait quelquefois des tentations et nous ne pouvons en être entièrement affranchis.

2. Mais, quoique importunes et pénibles, elles ne laissent pas d'être souvent très utiles à l'homme parce qu'elles l'humilient, le purifient et l'instruisent. Tous les vertueux ont passé par beaucoup de tentations et de souffrances et c'est par cette voie qu'ils ont avancé. Mis ceux qui n'ont pu soutenir ces épreuves, Dieu les a réprouvés et ils ont défailli dans la route du salut. Il n'y a point d'espace sacré ou de lieu secret, dans lesquels l'on ne trouve des peines et des tentations.

3. L'homme, tant qu'il vit, n'est jamais entièrement à l'abri des tentations, car nous en portons le germe en nous, à cause de la concupiscence dans laquelle nous sommes nés. L'une succède à l'autre; et nous aurons toujours quelque chose à souffrir, parce que nous avons perdu le bien et la félicité primitive. Plusieurs cherchent à fuir pour n'être point tentés et ils y tombent plus gravement. Il ne suffit pas de fuir pour vaincre, mais la patience et la véritable humilité nous rendent plus fort que tous nos ennemis.

4. Celui qui, sans arracher la racine du mal, évite seulement les occasions extérieures, avancera peu; au contraire, les tentations reviennent à lui plus promptement et plus violentes. Vous vaincrez plus sûrement peu à peu et par une longue patience, aidé du secours de Dieu, que par une rude et inquiète opiniâtreté. Prenez souvent conseil dans la tentation et ne traitez point durement celui qui est tenté, mais secourez-le comme vous voudriez qu'on vous secourût vous-même.

5. Le commencement de toutes les tentations est l'inconstance de l'esprit et le peu de confiance en Dieu et au maître Ieschouah. Car, comme un vaisseau sans gouvernail est poussé çà et là par les flots, ainsi l'homme faible et changeant qui abandonne ses résolutions est agité par des tentations diverses. « Le feu éprouve le fer » et la tentation, l'homme

juste. Nous ne savons souvent ce que nous pouvons, mais la tentation montre ce que nous sommes. Il faut veiller cependant, surtout au commencement de la tentation, car on triomphe beaucoup plus facilement de l'ennemi, si on ne le laisse point pénétrer dans l'âme et si on le repousse à l'instant même où il se présente pour entrer. C'est ce qui a fait dire à un ancien : « Arrêtez le mal dès son origine. Le remède vient trop tard quand le mal s'est accru par de longs délais ». D'abord une simple pensée s'offre à l'esprit, puis une vive imagination, ensuite le plaisir et le mouvement déréglé et le consentement. Ainsi peu à peu l'ennemi envahit toute l'âme, lorsqu'on ne lui résiste pas dès le commencement. Plus on met de retard et de langueur à le repousser, plus on s'affaiblit chaque jour et plus l'ennemi devient fort contre nous.

6. Plusieurs sont affligés de tentations plus violentes au commencement de leur conversion, d'autres à la fin. Il y en a qui souffrent presque toute leur vie. Quelques-uns sont tentés assez légèrement, selon l'ordre de la sagesse et de la justice de Dieu qui connaît l'état des hommes, pèse leurs mérites et dispose tout pour le salut de ses élus.

7. C'est pourquoi, quand nous sommes tentés, nous ne devons point perdre l'espérance, mais prier Dieu avec plus de ferveur, afin qu'il daigne nous secourir dans toutes nos tribulations; car, selon la parole de l'Apôtre, « il nous fera tirer avantage de la tentation même, de sorte que nous puissions la surmonter. Humilions donc nos âmes sous la main de Dieu », dans toutes nos tentations, dans toutes nos peines, parce qu'il sauvera et relèvera les humbles d'esprit.

8. Dans les tentations et les traverses, on reconnaît combien l'homme a fait de progrès. Le mérite est plus grand et la vertu paraît davantage. Il est peu difficile d'être pieux et fervent lorsque l'on n'éprouve rien de pénible; mais celui qui se soutient avec patience au temps de l'adversité donne l'espoir d'un grand avancement. Quelques-uns surmontent les grandes tentations et succombent tous les jours aux petites, afin qu'humiliés d'être si faibles dans les moindres occasions, ils ne présument jamais d'eux-mêmes dans les grandes.

14. Éviter les jugements téméraires et ne se point rechercher soi-même

1. Tournez les yeux sur vous-même et gardez-vous de juger les actions des autres. En jugeant les autres, l'homme se fatigue vainement. Il se trompe le plus souvent et commet beaucoup de fautes. Mais en s'examinant et se jugeant lui-même, il travaille toujours avec fruit. D'ordinaire nous jugeons les choses selon l'inclination de notre cœur, car l'amour-propre altère aisément en nous la droiture du jugement. Si nous n'avions jamais en vue que Dieu seul, nous serions moins troublés quand on résiste à notre sentiment.

2. Mais souvent il y a quelque chose hors de nous, ou de caché en nous, qui nous entraîne. Plusieurs se recherchent secrètement eux-mêmes dans ce qu'ils font et ils l'ignorent. Ils semblent affermis dans la paix lorsque tout va selon leurs désirs; mais éprouvent-ils des contradictions, aussitôt ils s'émeuvent et tombent dans la tristesse. La diversité des opinions produit souvent des discussions entre les êtres.

3. On quitte difficilement une vieille habitude et nul ne se laisse volontiers conduire au-delà de ce qu'il voit. Si vous vous appuyez sur votre esprit et sur votre pénétration plus que sur la soumission dont Ieschouah nous a donné l'exemple, vous serez très peu et très tard éclairé sur la vie spirituelle : car Dieu veut que nous suivions sa loi soyons parfaitement soumis et que nous nous élevions au-dessus de toute raison par un ardent amour.

15. Des œuvres de charité

1. Pour nulle chose au monde ni pour l'amour d'aucun homme, on ne doit faire le moindre mal. On peut quelquefois cependant, pour rendre un service dans le besoin, différer une bonne œuvre ou lui en substituer une meilleure; car alors le bien n'est pas détruit mais il se change en un plus grand. Aucune œuvre extérieure ne sert sans la charité, mais tout ce qui est fait par la charité, quelque petit ou quelque vil qu'il soit, produit des fruits abondants. Car Dieu regarde moins à l'action qu'au motif qui fait agir.

2. Celui-là fait beaucoup qui aime beaucoup. Celui-là fait beaucoup, qui fait bien ce qu'il fait et il fait bien lorsqu'il subordonne sa volonté à l'utilité publique. Ce qu'on prend pour la charité souvent n'est que la convoitise, car il est rare que l'inclination, la volonté propre, l'espoir de la récompense ou la vue de quelque avantage particulier n'influe pas sur nos actions.

3. Celui qui possède la charité véritable et parfaite ne se recherche en rien. Son unique désir est que la gloire de Dieu s'opère en toutes choses. Il ne porte envie à personne, parce qu'il ne souhaite aucune faveur particulière, ne met point sa joie en lui-même et que, dédaignant tous les autres biens, il ne cherche qu'en Dieu son bonheur. Il n'attribue jamais aucun bien à la créature. Il les rapporte tous à Dieu, de qui ils découlent comme de leur source et dans la jouissance duquel tous les saints se reposent à jamais comme dans leur fin dernière. Oh ! qui aurait une étincelle de la vraie charité, que toutes les choses de la terre lui paraîtraient vaines !

16. Qu'il faut supporter les défauts d'autrui

1. Ce que l'homme ne peut corriger en soi ou dans les autres, il doit le supporter avec patience, jusqu'à ce que Dieu en ordonne autrement. Songez qu'il est peut-être mieux qu'il en soit ainsi, pour vous éprouver dans la patience, sans laquelle nos mérites sont peu de chose. Vous devez cependant prier Dieu de vous aider à vaincre ces obstacles, ou à les supporter avec douceur.

2. Si quelqu'un, averti une ou deux fois, ne se rend point, ne contestez point avec lui. Confiez tout à Dieu, qui sait tirer le bien du mal, afin que sa volonté s'accomplisse et qu'il soit glorifié dans tous ses serviteurs. Appliquez-vous à supporter patiemment les défauts et les infirmités des autres, quels qu'ils soient, parce qu'il y a aussi bien des choses en vous que les autres ont à supporter. Si vous ne pouvez-vous rendre tel que vous voudriez, comment pourrez-vous faire que les autres soient selon votre gré ? Nous aimons que les autres soient exempts de défauts et nous ne corrigeons point les nôtres.

3. Nous voulons qu'on reprenne les autres sévèrement et nous ne voulons pas être repris nous-mêmes. Nous sommes choqués qu'on leur

laisse une trop grande liberté et nous ne voulons pas qu'on ne nous refuse rien. Nous voulons qu'on les retienne par des règlements et nous ne souffrons pas qu'on nous contraigne en la moindre chose. Par-là on voit clairement combien il est rare que nous usions de la même mesure pour nous et pour les autres. Si tous étaient parfaits, qu'aurions-nous de leur part à souffrir pour Dieu ?

4. Or Dieu l'a ainsi ordonné afin que nous apprenions à porter le fardeau les uns des autres, car chacun a son fardeau. Personne n'est sans défauts. Nul ne se suffit à soi-même. Nul n'est assez sage pour se conduire seul, mais il faut nous supporter, nous consoler, nous aider, nous instruire, nous avertir mutuellement. C'est dans l'adversité qu'on voit le mieux ce que chacun a de vertus. Car les occasions ne rendent pas l'homme fragile, mais elles montrent ce qu'il est.

17. De la vie religieuse

1. Il faut que vous appreniez à réfréner vos pulsions, si vous voulez conserver la paix et la concorde avec les autres. Ce n'est pas peu de chose de vivre dans une illusion d'humilité et de paix intérieure. Si vous voulez être affermi et croître dans la vertu, regardez-vous comme exilé et comme étranger sur la terre. Il faut, pour l'amour de Ieschouah, devenir insensé selon le monde, si vous voulez vivre en religieux.

2. Les apparences et les vêtements religieux ne font pas de vous des religieux. C'est le changement de vos mœurs, l'humilité et le contrôle de vous pulsions qui feront de vous un vrai religieux. Celui qui cherche autre chose que Dieu seul et le salut de son âme ne trouvera que tribulation et douleur. Celui-là ne saurait non plus demeurer longtemps en paix qui ne s'efforce point d'être le dernier de tous, pratiquant une sincère et véritable humilité.

3. Vous êtes venus pour servir et non pour dominer. Sachez que vous êtes appelés à souffrir par le fait d'être vivant. Nul ne peut vivre en esprit en ce monde s'il ne veut s'humilier de tout son cœur à la cause de Dieu.

18. De l'exemple des sages et des saints

1. Contemplez les exemples des sages, en qui la vraie perfection de la vie religieuse était manifeste. Vous réaliserez que nous ne faisons presque rien. Hélas ! Qu'est notre vie comparée à la leur ? Les sages et les amis de Ieschouah ont servi Dieu dans la faim et dans la soif, dans le froid et dans la nudité, dans le travail et dans la fatigue, dans les veilles et dans les jeûnes, dans les prières et dans les saintes méditations, dans une infinité de persécutions et d'opprobres.

2. Oh ! Que de pesantes tribulations ont souffert tous ceux qui ont voulu suivre les traces de Ieschouah ! Oh ! Quelle vie de renoncements et d'austérités, que celle des saints dans le désert ! Quelles longues et dures tentations ils ont essuyées ! Que de fois ils ont été tourmentés par l'ennemi ! Que de fréquentes et ferventes prières ils ont offertes à Dieu ! Quelles rigoureuses abstinences ils ont pratiquées ! Quel zèle, quelle ardeur pour leur avancement spirituel ! Quelle forte guerre contre leurs passions ! Quelle intention pure et droite toujours dirigée vers Dieu ! Ils travaillaient pendant le jour et passaient la nuit en prière. Même durant le travail, ils ne cessaient point de prier en esprit.

3. Tout leur temps avait un emploi utile. Les heures qu'ils donnaient à Dieu leur semblaient courtes et ils trouvaient tant de douceur dans la contemplation, qu'ils en oubliaient les besoins du corps. Ils renonçaient aux richesses, aux dignités, aux honneurs, à leurs amis, à leurs parents. Ils ne voulaient rien du monde. Ils prenaient à peine ce qui était nécessaire pour la vie. S'occuper du corps, même dans la nécessité, leur était une affliction. Ils étaient pauvres des choses de la terre, mais ils étaient riches en grâce et en vertus. Au-dehors tout leur manquait, mais Dieu les fortifiait au-dedans par sa grâce et par ses consolations.

4. Ils étaient étrangers au monde, mais unis à Dieu et à ses amis familiers. Ils se regardaient comme un pur néant et le monde les méprisait, mais ils étaient chéris de Dieu et précieux devant lui. Ils vivaient dans une sincère humilité, dans une obéissance simple, dans la charité, dans la patience et devenaient ainsi chaque jour plus parfaits et plus agréables à Dieu. Ils ont été donnés en exemple à tous ceux qui professent la vraie religion et ils doivent nous exciter plus à avancer dans la perfection, que la multitude des tièdes ne nous porte au relâchement.

5. Oh ! Quelle ferveur en tous les religieux au commencement de leur sainte institution ! Quelle ardeur pour la prière ! Quelle émulation de vertu ! Quelle sévère discipline ! Que de soumission ils montraient tous pour la règle de leur fondateur ! Ce qui nous reste d'eux atteste encore la sainteté et la perfection de ces hommes qui, en combattant généreusement, foulèrent aux pieds le monde. Aujourd'hui on compte pour beaucoup qu'un religieux ne viole point sa règle et qu'il porte patiemment le joug dont il s'est chargé. O tiédeur, ô négligence de notre état qui a si vite éteint parmi nous l'ancienne ferveur ! Maintenant tout fatigue notre lâcheté, jusqu'à nous rendre la vie ennuyeuse. Plût à Dieu qu'après avoir vu tant d'exemples d'homme vraiment pieux, vous ne laissiez pas entièrement s'assoupir en vous le désir d'avancer dans la vertu!

19. Des pratiques d'un bon religieux

1. La vie d'un vrai religieux doit briller de toutes les vertus, de sorte qu'il soit tel intérieurement qu'il paraît devant les hommes. Et certes il doit être encore bien plus parfait au-dedans qu'il ne le semble au-dehors, parce que Dieu nous regarde et que nous devons partout où nous sommes le révérer profondément et marcher en sa présence purs comme des anges. Nous devons chaque jour renouveler notre résolution, nous exciter à la ferveur, comme si notre conversion commençait aujourd'hui seulement et dire : « Aidez-moi, Seigneur, dans mes saintes résolutions et dans votre service. Donnez-moi de bien commencer maintenant car ce que j'ai fait jusqu'ici n'est rien. »

2. La fermeté de notre résolution est la mesure de notre progrès et une grande attention est nécessaire à celui qui veut avancer. Si celui qui forme les résolutions les plus fortes se relâche souvent, que sera-ce de celui qui n'en prend que rarement ou n'en prend que de faibles ? Toutefois nous abandonnons nos résolutions de diverses manières et la moindre omission dans nos exercices a presque toujours une suite fâcheuse. Les justes, dans leurs résolutions, comptent bien plus sur la grâce de Dieu que sur leur propre sagesse. Quoi qu'ils entreprennent, c'est en lui seul qu'ils mettent leur confiance. Car l'homme propose et Dieu dispose et la voie de l'homme n'est pas en lui.

3. Si nous omettons quelquefois nos pratiques quotidiennes par quelque motif pieux ou pour l'utilité de nos frères, il nous sera facile ensuite de réparer cette omission. Mais si nous les abandonnons sans bonne raison, par ennui ou par négligence, c'est une faute grave. Faisons tous nos efforts et nous tomberons encore aisément en beaucoup de fautes. On doit cependant toujours se proposer quelque chose de fixe, surtout à l'égard de ce qui forme le plus grand obstacle à notre avancement. Il faut examiner et régler également notre intérieur et notre extérieur, parce que l'un et l'autre servent à nos progrès.

4. Si vous ne pouvez pas vivre en totale retraite, recueillez-vous au moins de temps en temps, au moins une fois le jour, le matin ou le soir. Le matin, formez vos résolutions. Le soir, examinez votre conduite et ce que vous avez été dans vos paroles, vos actions, vos pensées, car peut-être avez-vous souvent offensé Dieu et le prochain. Tel qu'un soldat plein de courage, armez-vous contre les attaques du démon. Réprimez l'intempérance et vous réprimerez plus aisément les autres désirs de la chair. Ne soyez jamais tout à fait oisif, mais lisez ou écrivez, priez, méditez, travaillez à quelque chose d'utile à la communauté. Il ne faut cependant s'appliquer qu'avec discrétion aux exercices du corps et ils ne conviennent pas également à tous.

5. Ce qui sort des pratiques communes ne doit point paraître au-dehors. Il est plus sûr de remplir en secret ses pratiques personnelles. Prenez garde cependant de négliger les pratiques de votre Confrérie pour ceux de votre choix. Mais après avoir accompli fidèlement et pleinement les devoirs prescrits par votre Confrérie, s'il vous reste du temps, rendez-vous à vous-même selon le mouvement de votre dévotion. Tous ne sauraient suivre les mêmes exercices. L'un convient mieux à celui-ci, l'autre à celui-là. On aime même à les diversifier selon les temps. Il y en a que l'on apprécie plus aux jours de fêtes et d'autres aux jours ordinaires. Les uns nous sont nécessaires au temps de la tentation, les autres au temps de la paix et du repos. Autres sont les pensées qui nous plaisent dans la tristesse, ou quand nous éprouvons de la joie en Dieu.

6. Il faut, vers l'époque des grandes fêtes, renouveler nos pieux exercices et implorer avec plus de ferveur l'aide des saints êtres qui nous ont précédés. Proposons-nous de vivre d'une fête à l'autre comme si nous devions alors sortir de ce monde et entrer dans l'éternelle fête. Et pour cela préparons-nous avec soin dans ces temps sacrés par une vie plus

pieuse, par une plus sévère observance des règles, comme devant bientôt recevoir de Dieu et de notre maître Ieschouah le prix de notre travail.

7. Et si ce moment est différé, croyons que nous ne sommes pas encore bien préparés ni dignes de cette gloire immense qui nous sera découverte en son temps et redoublons d'efforts pour nous mieux disposer à ce passage. « Heureux le serviteur, dit Saint Luc, que le Seigneur, quand il viendra, trouvera veillant. Je vous dis en vérité qu'il l'établira sur tous ses biens. »

20. De l'amour de la solitude et du silence

1. Cherchez un temps propre à vous occuper de vous-même et pensez souvent aux bienfaits de Dieu et à notre maître Ieschouah. Laissez là ce qui ne sert qu'à nourrir la curiosité. Lisez plutôt ce qui touche le cœur que ce qui amuse l'esprit. Retranchez les discours superflus, les courses inutiles. Fermez l'oreille aux vains bruits du monde et vous trouverez assez de loisir pour les saintes méditations. Les plus grands saints évitaient autant qu'il leur était possible le commerce des hommes et préféraient vivre en secret avec Dieu.

2. Un ancien a dit : « Toutes les fois que j'ai été dans la compagnie des hommes, j'en suis revenu moins homme que je n'étais. » C'est ce que nous éprouvons souvent lorsque nous nous participons à de longues et inutiles discussions. Il est plus aisé de se taire que de ne point excéder dans ses paroles. Celui donc qui aspire à la vie intérieure et spirituelle doit de retirer de la foule avec Ieschouah. Nul ne se montre sans péril s'il n'aime à demeurer caché. Nul ne parle avec mesure s'il ne se tait volontiers. Nul n'est en sûreté dans les premières places s'il n'aime les dernières. Nul ne commande sans danger s'il n'a pas appris à bien obéir.

3. Nul ne se réjouit avec sécurité s'il ne possède en lui-même le témoignage d'une bonne conscience. Cependant la confiance des saints a toujours été pleine du respect de Dieu. Quel que fût l'éclat de leurs vertus, quelque abondantes que fussent leurs grâces, ils n'en étaient ni moins humbles ni moins vigilants. L'assurance des méchants naît, au contraire, de l'orgueil et de la présomption et finit par l'aveuglement. Ne vous promettez point de sûreté en cette vie, quoique vous paraissiez être un saint religieux ou un pieux solitaire.

4. Souvent les meilleurs dans l'estime des hommes ont couru les plus grands dangers à cause de leur trop de confiance. Il est donc utile à plusieurs de n'être pas entièrement délivré des tentations et de souffrir des attaques fréquentes, de peur que, tranquilles sur eux-mêmes, ils ne s'élèvent avec orgueil ou qu'ils ne se livrent trop aux consolations du dehors. Oh ! Si l'on ne recherchait jamais les joies qui passent, si jamais l'on ne s'occupait du monde, qu'on posséderait une conscience pure ! Oh ! Qui retrancherait toute sollicitude vaine, ne pensant qu'au salut et à Dieu et plaçant en lui toute son espérance, de quelle paix et de quel repos il jouirait !

5. Nul n'est digne des consolations célestes s'il ne s'est exercé longtemps dans la sainte humilité. Si vous désirez la vraie humilité du cœur, entrez dans votre cellule et bannissez-en le bruit du monde. Vous trouverez dans votre cellule, dans votre cœur, ce que souvent vous perdrez au-dehors. C'est ainsi que la vie intérieure devient douce. Fréquemment délaissée, elle engendre l'ennui. Si vous parvenez à la conserver en vous, elle vous deviendra comme une amie chère et sera votre consolation la plus douce.

6. Dans le silence et le repos, l'âme pieuse fait de grands progrès et pénètre ce qu'il y a de caché. Elle doit s'éloigner du tumulte du monde. Il vaut mieux être humble et prendre soin de son âme, que de faire des miracles et de s'oublier soi-même Il est louable dans une pratique spirituelle de choisir ses sorties et ses fréquentations.

7. Pourquoi voulez-vous voir ce qui ne vous est point permis d'avoir ? Les désirs des sens peuvent nous entraîner. Mais une fois la pulsion disparue, que restera-t-il sinon une conscience pesante et un cœur attristé ? Ainsi toute joie venant de pulsions débridées nous procure d'intense plaisirs, mais à la fin elle blesse et tue. Que pouvez-vous voir ailleurs que vous ne voyiez où vous êtes ? Voilà le ciel, la terre, les éléments, c'est d'eux que tout est fait.

8. Où que vous alliez, que verrez-vous qui soit stable sous le soleil ? Vous croyez peut-être vous rassasier, mais vous n'y parviendrez jamais. Levez les yeux en haut vers le ciel et priez pour vos faiblesses et vos négligences. Laissez aux hommes vains les choses vaines. Pour vous, occupez-vous du spirituel. Fermez les portes de vos sens et invoques la présence de Ieschouah. Demeurez avec lui dans le secret de votre cœur, car vous ne trouverez nulle part autant de paix. Si vous n'étiez pas sorti

et que vous n'eussiez pas entendu quelque bruit du monde, vous seriez demeuré dans cette douce paix. Mais parce que vous aimez à entendre des choses nouvelles, il vous faut supporter ensuite le trouble du cœur.

21. De l'humilité et du respect

1. Si vous voulez faire quelque progrès, conservez-vous dans le respect de Dieu. Soumettez vos pulsions à un sévère contrôle. Disposez votre cœur à la véritable humilité et vous trouverez la vraie piété. L'humilité produit beaucoup de bien, qu'on perd bientôt en s'abandonnant à l'orgueil et à la vanité. Chose étrange, qu'un être en cette vie puisse se reposer pleinement dans la joie, lorsqu'il considère son exil et à combien de périls est exposée son âme !

2. A cause de la légèreté de notre cœur et de l'oubli de nos défauts, nous ne sentons pas les maux de notre âme et souvent nous rions vainement quand nous devrions bien plutôt pleurer. Il n'y a de vraie liberté et de joie solide que dans l'humilité et la bonne conscience. Heureux qui peut éloigner tout ce qui le distrait et l'arrête, pour se recueillir tout entier dans une telle attitude de l'âme. Heureux qui rejette tout ce qui peut souiller sa conscience ou l'appesantir. Combattez généreusement. On triomphe d'une habitude par une autre habitude. Si vous savez laisser là les être faibles, ils vous laisseront bientôt faire ce que vous voudrez.

3. N'attirez pas à vous les affaires d'autrui et ne vous embarrassez point de celles des êtres de pouvoir. Que votre œil soit ouvert sur vous d'abord. Avant de reprendre vos amis, ayez soin de vous reprendre vous-même. Si vous n'avez point la faveur des hommes, ne vous en attristez point. Mais que votre peine soit de ne pas vivre aussi bien et avec autant de vigilance que le devrait un serviteur de Dieu et un bon religieux. Il est plus souvent utile et plus sûr de n'avoir pas beaucoup de consolations dans cette vie. Cependant, si nous sommes privés de consolations divines, ou si nous ne les éprouvons que rarement, la faute en est à nous, parce que nous ne cherchons point l'humilité du cœur et que nous ne rejetons pas entièrement les vaines consolations du dehors.

4. Reconnaissez que vous êtes indignes des consolations célestes et que vous méritez plutôt de grandes tribulations. Quand l'homme est pénétré d'une parfaite humilité, le monde entier lui est alors amer et

insupportable. Le juste trouve toujours assez de sujets de s'affliger et de pleurer. Car en considérant soit lui-même, soit les autres, il sait que nul ici-bas n'est sans tribulations. Plus il se regarde attentivement, plus profonde est sa douleur. Le sujet d'une juste affliction et d'une grande tristesse intérieure, ce sont nos péchés et nos vices, dans lesquels nous sommes tellement ensevelis, que rarement pouvons-nous contempler les choses du ciel.

5. Si vous pensez plus souvent à votre mort qu'à la longueur de la vie, nul doute que vous n'auriez plus d'ardeur pour vous corriger. Et si vous réfléchissiez sérieusement à votre éternité, je crois que vous supporteriez plus volontiers le travail et la douleur. Mais parce que ces vérités ne pénètrent point jusqu'au cœur et que nous aimons encore ce qui nous flatte, nous demeurons froids et négligents.

6. Priez donc humblement le Seigneur qu'il vous donne l'esprit de la véritable humilité.

22. De la considération de la misère humaine

1. En quelque lieu que vous soyez, de quelque côté que vous vous tourniez, vous serez seul si vous ne vous tournez pas vers Dieu. Pourquoi vous troublez-vous de ce que rien n'arrive comme vous le désirez et comme vous le voulez ? A qui est-ce que tout succède selon sa volonté ? Ni à vous, ni à moi, ni à aucun homme sur la terre. Nul en ce monde, qu'il soit roi ou pape, n'est exempt d'angoisses et de tribulations. Qui donc a le meilleur sort ? Celui, certes, qui sait tourner son âme vers Dieu, protégé par la présence de Ieschouah.

2. Dans leur faiblesse et leur peu de lumière, plusieurs disent : que cet homme a une heureuse vie ! Qu'il est riche, grand, puissant, élevé ! Mais considérez les biens du ciel et vous verrez que tous ces biens du temps ne sont rien. Toujours très incertains, ils sont plutôt un poids qui fatigue, parce qu'on ne les possède jamais sans défiance et sans crainte. Avoir en abondance les biens du temps, ce n'est pas là le bonheur de l'homme. La vie sur cette terre peut être source de douleurs. Plus un homme veut avancer dans les voies spirituelles, plus il se détache de la vie présente, parce qu'il sent mieux et voit plus clairement la faiblesse et la fragilité de la nature humaine. Manger, boire, veiller, dormir, se reposer, travailler,

être assujetti à toutes les nécessités de la nature, c'est vraiment une grande misère pour l'être spirituel qui voudrait être dégagé de ses liens terrestres et délivré des chaînes de ses passions.

3. Car l'homme intérieur est en ce monde étrangement appesanti par les nécessités du corps. Malheur donc à ceux qui n'ont pas conscience de ces limitations ! Malheur encore plus à ceux qui sont attachés uniquement à cette vie périssable ! Car il y en a qui l'embrassent si avidement, qu'ayant à peine le nécessaire, ils n'éprouveraient aucun souci d'élever leur âme s'ils pouvaient toujours vivre ici-bas.

4. O cœurs insensés et infidèles, si profondément enfoncés dans les choses de la terre qu'ils ne goûtent rien que ce qui est charnel ! Ce sont des malheureux ! Ils sentiront douloureusement à la fin combien était vil, combien n'était rien ce à quoi ils étaient attachés. Mais tous les fidèles amis de Ieschouah ont méprisé ce qui flatte la chair et ce qui brille dans le temps. Toute leur espérance, tous leurs désirs aspirent aux biens éternels. Leur cœur s'élève vers les biens invisibles et impérissables, de peur que l'amour des choses visibles ne les abaissât vers la terre.

5. Ne perdez pas, mon frère, l'espérance d'avancer dans la vie spirituelle. Vous en avez encore le temps, c'est l'heure. Pourquoi remettez-vous toujours au lendemain l'accomplissement de vos résolutions ? Levez-vous et commencez à l'instant en disant : Voici le temps d'agir, voici le temps de combattre, voici le temps de me corriger. Quand la vie vous est pesante et amère, c'est alors le temps de mériter. Il faut passer par le feu et par l'eau, avant d'entrer dans le lieu de rafraîchissement. Si vous ne vous faites violence, vous ne vaincrez pas le vice. Tant que nous portons ce corps fragile, nous ne pouvons être sans faiblesse, ni sans ennui et sans douleur. Il nous serait doux de jouir d'un repos exempt de toute misère; mais en perdant l'innocence par le péché, nous avons aussi perdu la vraie félicité. Il faut donc persévérer dans la patience et attendre la miséricorde de Dieu jusqu'à ce que l'iniquité passe et que ce qui est mortel en vous soit absorbé par la vie.

6. Oh ! qu'elle est grande la fragilité qui toujours incline l'homme au mal. Vous reconnaissez aujourd'hui vos manquements et vous y retombez le lendemain. Vous vous proposez d'être sur vos gardes et une heure après vous agissez comme si vous ne vous étiez rien proposé. Nous avons donc grand sujet de nous humilier et de ne nous jamais élever en nous-mêmes, étant si fragiles et inconsistants. Nous pouvons perdre en un

moment par notre négligence ce qu'à peine avons-nous acquis par la grâce avec un long travail.

7. Que deviendrons-nous à la fin du jour si nous sommes si lâches dès le matin ? Malheur à nous si nous voulons goûter le repos, comme si déjà nous étions en paix et en assurance, tandis qu'on ne découvre pas dans notre vie une seule trace de vraie sainteté ! Nous aurions bien besoin d'être instruits encore et formés à de nouvelles mœurs comme des novices dociles, pour essayer du moins s'il y aurait en nous quelque espérance de changement et d'un plus grand progrès dans la vertu.

23. De la méditation de la mort

1. C'en sera fait de vous bien vite ici-bas. Voyez donc en quel état vous êtes. L'homme est aujourd'hui et demain il a disparu et quand il n'est plus sous les yeux, il passe bien vite de l'esprit. O stupidité et dureté du cœur humain, qui ne pense qu'au présent et ne prévoit pas l'avenir ! Soyez dans toutes vos actions et toutes vos pensées comme vous devriez être s'il vous fallait mourir aujourd'hui. Si vous aviez une bonne conscience, vous craindriez peu la mort. Il vaudrait mieux éviter les manquements que fuir la mort. Si aujourd'hui vous n'êtes pas prêt, comment le serez-vous demain ? Demain est un jour incertain et vous ne savez pas si vous aurez un lendemain ?

2. Que sert de vivre longtemps puisque nous nous corrigeons si peu ? Une longue vie ne nous apporte rien si nous ne progressons pas intérieurement. Au contraire elle augmente plutôt les occasions de nous attacher au monde. Plût à Dieu que nous eussions bien vécu dans ce monde un seul jour ! Plusieurs comptent les années; mais souvent, ils sont peu changés et ces années ont été stériles ! S'il est terrible de mourir, peut-être est-il plus dangereux de vivre si longtemps. Heureux celui à qui l'heure de sa mort est toujours présente et qui se prépare chaque jour à mourir ! Si vous avez vu jamais un homme mourir, songez que vous aussi vous passerez par cette voie.

3. Le matin, pensez que vous n'atteindrez pas le soir. Le soir, n'osez pas vous promettre de voir le matin. Soyez donc toujours prêt et vivez de telle sorte que la mort ne vous surprenne jamais. Plusieurs sont enlevés par une mort soudaine et imprévue, car elle viendra à l'heure qu'on n'y

pense pas. Quand viendra cette dernière heure, vous commencerez à juger tout autrement de votre vie passée et il sera trop tard pour vous repentir d'avoir été si négligent et si lâche.

4. Qu'heureux et sage est celui qui s'efforce d'être tel dans la vie qu'il souhaite d'être trouvé à la mort. Car rien ne donnera une si grande confiance de mourir heureusement, que le parfait mépris du monde, le désir ardent d'avancer dans la vertu, l'amour de la régularité, le travail de la pénitence, l'abnégation de soi-même et la constance à souffrir toutes sortes d'adversités pour l'amour de Ieschouah. Vous pourrez faire beaucoup de bien tandis que vous êtes en santé, mais, malade, je ne sais ce que vous pourrez. Il en est peu que la maladie rend meilleurs, comme il en est peu qui se sanctifient par de fréquents pèlerinages.

5. Ne comptez point sur vos amis ni sur vos proches et ne différez point votre salut dans l'avenir. En effet les hommes vous oublieront plus vite que vous ne pensez. Il vaut mieux y pourvoir de bonne heure et envoyer devant soi un peu de bien, que d'espérer dans le secours des autres. Si vous n'avez maintenant aucun souci de vous-même, qui s'inquiétera de vous dans l'avenir ? Maintenant le temps est d'un grand prix. Voici maintenant le temps propice, le jour où vous pouvez d'agir. Faites meilleur usage de ce qui pourrait vous servir à mériter de vivre éternellement ! Viendra le temps où vous désirerez un seul jour, une seule heure, pour purifier votre âme et je ne sais si vous l'obtiendrez.

6. Ah, mon frère, de quel péril, de quelle crainte terrible vous pourriez vous délivrer si vous étiez à présent toujours en crainte de la mort ! Étudiez-vous maintenant à vivre de telle sorte qu'à l'heure de la mort vous ayez plus sujet de vous réjouir que de craindre. Apprenez maintenant à mourir au monde afin de commencer alors à vivre avec Ieschouah. Apprenez maintenant à tout mépriser, afin de pouvoir alors aller librement à Ieschouah. Reconnaissez et maîtrisez vos pulsions incontrôlées par les pratiques appropriées afin que vous puissiez alors avoir une solide confiance.

7. Insensés, sur quoi vous promettez-vous de vivre longtemps, lorsque vous n'avez pas un seul jour d'assuré ? Combien ont été trompés et arrachés subitement de leur corps ! Combien de fois avez-vous entendu dire : Cet homme a été tué d'un coup; celui-ci s'est noyé, celui-là s'est brisé en tombant d'un lieu élevé; l'un a expiré en mangeant, l'autre en jouant; l'un a péri par le feu, un autre par le fer, un autre par la peste, un

autre par la main des voleurs ! Et ainsi la fin de tous est la mort et la vie des hommes passe comme l'ombre.

8. Qui se souviendra de vous après votre mort et qui priera pour vous sinon les membres de votre archiconfrérie ? Faites maintenant, mon cher frère, tout ce que vous pouvez, car vous ne savez pas quand vous mourrez, ni ce qui suivra pour vous la mort. Tandis que vous en avez le temps, amassez des richesses immortelles. Ne pensez qu'à votre salut, ne vous occupez que des choses de Dieu. Faites-vous maintenant des amis, en honorant les sages et en imitant leurs œuvres, afin qu'arrivé au terme de cette vie, vous soyez reçus intact dans le royaume céleste.

9. Vivez sur la terre comme un voyageur et un étranger à qui les choses du monde ne sont rien. Conservez votre cœur libre et toujours élevé vers Dieu, parce que vous n'avez point ici-bas de demeure permanente. Que vos gémissements, vos larmes, vos prières, montent tous les jours vers le ciel afin que votre âme, après la mort, sois accueillie par Ieschouah et mérite de passer heureusement à Dieu.

24. Du jugement et de vos propres faiblesses

1. En toutes choses regardez la fin et reportez-vous au jour où vous serez là, debout devant le Juge sévère à qui rien n'est caché, qu'on n'apaise point par des présents, qui ne reçoit point d'excuses, mais qui jugera selon la justice. Que répondrez-vous à Dieu, qui connaît tous vos actes, vous qui tremblez quelquefois face à un homme irrité ? Par quel étrange oubli de vous-même vous en allez-vous, sans rien prévoir, vers ce jour où nul ne pourra être excusé ni défendu par un autre, mais où chacun sera pour soi un fardeau assez pesant ? Maintenant votre travail produit son fruit : vos efforts sont agréés, vos souffrances considérées, votre douleur connue par Ieschouah, alors que Dieu purifiera votre âme.

2. Vous devez voir vos propres faiblesses avant de voir celles des autres. Vous devez prier sincèrement pour ceux qui s'opposent à vous et leur pardonner du fond du cœur. Si vous avez causé du tort, vous devez toujours être prêt à demander pardon. Augmentez votre compassion plutôt que votre colère. Faites-vous violence à pour assujettir entièrement la chair à l'esprit. Il vaut mieux vous purifier maintenant de vos péchés et retrancher vos vices, que de vous attendre à les expier en

l'autre vie. Combien nous nous trompons nous-mêmes par l'amour désordonné que nous avons pour notre chair.

3. Que dévorera ce feu, sinon vos faiblesses et manquements ? Plus vous vous laissez aller aujourd'hui, plus vous laissez vos pulsions vous guider, plus les conséquences en seront terribles. Les descriptions infernales en sont un bon symbole.

4. Chaque vice aura sa conséquence propre et elle risque fort de vous tourmenter. Là les superbes seront remplis de confusion et les avares réduits à la plus misérable indigence. Là une heure sera plus terrible dans la douleur, que cent années ici dans la plus dure pénitence. Que votre volonté sois dès maintenant assez forte pour vous opposer à ses pulsions nuisibles. C'est de là que vous serez utile à vos prochains, attirerez le regard de Ieschouah et serez bénis par Dieu. Car les justes alors s'élèveront avec une grande assurance contre ceux qui les auront opprimés et méprisés. N'oubliez pas que la plus grande valeur est celle de l'âme et du cœur. Eux seuls resteront lorsque le corps aura disparu.

5. Alors on verra qu'il fut sage en ce monde, celui qui paraissait effacé et plaçait sa confiance en Ieschouah. Alors on se félicitera des épreuves traversées lorsque on réalisera les raisons d'une telle vie. Alors tous les justes seront transportés d'allégresse et tous les corrompus consternés de douleur. Alors la chair affligée se réjouira plus que si elle avait toujours été nourrie dans les délices. Alors les vêtements pauvres resplendiront et les habits somptueux perdront tout leur éclat. Alors la plus pauvre petite demeure sera jugée au-dessus du palais tout brillant d'or. Alors une patience constamment soutenue sera de plus de secours que toute la puissance du monde et une vraie humilité, élevée plus haut que toute la prudence du siècle.

6. Alors on trouvera plus de joie dans la pureté d'une bonne conscience que dans une docte philosophie. Alors le mépris des richesses aura plus de poids dans la balance que tous les trésors de la terre. Alors les souvenirs d'une pieuse prière, d'une paisible méditation, vous seront de plus de consolation que celui d'un repas splendide. Alors vous vous réjouirez plus du silence gardé que de longs entretiens. Alors ce que vous avez fait de bon et de bien l'emportera sur les beaux discours. Alors vous préférerez une vie de travail à tous les plaisirs de la terre. Apprenez donc maintenant à supporter quelques légères souffrances afin d'être alors délivré de souffrances plus grandes. Il y a, n'en doutez point, deux joies

qu'on ne peut réunir : vous ne pouvez dépendre entièrement ici-bas des délices du monde et régner ensuite avec Ieschouah.

7. Si vous avez vécu jusqu'à ce jour dans les honneurs et les voluptés, de quoi cela vous servirait-il, s'il vous fallait mourir à l'instant ? Tout est vanité, en dehors d'aimer Dieu et le servir. Car celui qui aime Dieu de tout son cœur ne craint ni la mort, ni les souffrances, ni le jugement, parce que l'amour parfait nous donne un sûr accès près de Dieu. Mais celui qui se complaît sans contrôle dans les plaisirs de la chair, il n'est pas surprenant qu'il redoute la mort et le jugement. Cependant, si l'amour ne vous éloigne pas encore du mal, il est bon qu'au moins la conscience des conséquences vous retienne. Celui qui n'ouvre pas son cœur au monde spirituel, à Ieschouah et à Dieu, celui-là ne saurait longtemps persévérer dans le bien. Il tombera bientôt dans les pièges du corps.

25. Qu'il faut travailler avec ferveur à l'amendement de sa vie

1. Soyez vigilant et fervent dans le service de Dieu et faites-vous souvent cette demande : pourquoi êtes-vous ici ? Est-ce pour vivre sans conscience ou pour cultiver l'esprit et devenir un homme spirituel ? Embrasez-vous du désir d'avancer parce que vous recevrez bientôt la récompense de vos travaux et qu'alors il n'y aura plus ni crainte, ni douleur. Maintenant un peu de travail et progressivement une grande paix, une joie éternelle ! Si vous agissez constamment avec ardeur et fidélité, Dieu aussi sera sans doute fidèle et magnifique dans son assistance et ses récompenses. Vous devez conserver une ferme espérance de parvenir à la gloire; mais il ne faut pas vous livrer à une sécurité trop profonde de peur de tomber dans le relâchement.

2. Un homme plein d'anxiété, entre la crainte et l'espérance, étant un jour accablé de tristesse se prosterna pour prier. Il disait et redisait en lui-même : « Si j'avais su, j'aurai agi différemment ! » Aussitôt il entendit intérieurement cette divine réponse : « Fais maintenant ce que tu aurais voulu faire et tu trouveras la paix. » Consolé à l'instant même, il s'abandonna sans réserve à agir pour le bien en constante humilité et ses agitations cessèrent. Il ne voulut point rechercher avec curiosité ce qui

lui arriverait dans l'avenir, mais il s'appliqua uniquement à connaître la volonté de Dieu afin de commencer et d'achever tout ce qui est bien.

3. Espérez en Dieu et faites le bien. Habitez en paix la terre et vous serez nourri de ses richesses. Une chose refroidit en quelques-uns l'ardeur d'avancer et de se corriger : la crainte des difficultés et le travail du combat. En effet, ceux-là devancent les autres dans la vertu, qui s'efforcent avec plus de courage de se vaincre eux-mêmes dans ce qui leur est le plus pénible. Car l'homme fait d'autant plus de progrès et mérite d'autant plus de grâce, qu'il se surmonte lui-même et apprend à se contrôler.

4. Il est vrai que tous n'ont pas également à combattre pour se vaincre et mourir à eux-mêmes. Cependant un homme animé d'un zèle ardent avancera bien plus, même avec de nombreuses passions, qu'un autre à cet égard mieux disposé, mais tiède pour la vertu. Deux choses aident surtout à opérer un grand amendement : s'arracher avec violence à ce que la nature dégradée convoite et travailler ardemment à acquérir la vertu dont on a le plus grand besoin. Attachez-vous aussi particulièrement à éviter et à vaincre les défauts qui vous déplaisent le plus dans les autres.

5. Profitez de tout pour votre avancement. Si vous voyez de bons exemples ou si vous les entendez raconter, animez-vous à les imiter. Que si vous apercevez quelque chose de répréhensible, prenez garde de ne pas commettre la même faute. Si vous l'avez quelquefois commise, tâchez de vous corriger promptement. Comme votre œil observe les autres, les autres vous observent aussi. Qu'il est consolant et doux de voir des êtres pieux, fervents, œuvrant à s'amender eux-mêmes et fidèles à l'observance de la règle de l'archiconfrérie ! Qu'il est triste, au contraire et pénible d'en voir qui ne vivent pas ainsi n'appliquant pas les principes de Ieschouah. Qu'on se nuit à soi-même en négligeant les devoirs de sa vocation et en détournant son cœur à des choses dont on n'est point chargé !

6. Souvenez-vous de ce que vous avez promis et que l'exemple des sages et de Ieschouah vous soit toujours présent. Vous avez bien sujet de rougir, en considérant la vie de Ieschouah, d'avoir jusqu'ici fait si peu d'efforts pour y conformer la vôtre, quoique vous soyez depuis si longtemps entré dans la voie spirituelle. Un religieux qui s'exerce à

méditer sérieusement et avec piété la vie très sainte de Ieschouah, y trouvera d'abondants exemples de sagesse.

7. Un religieux fervent reçoit bien ce qu'on lui commande et s'y soumet sans peine. Suivre la voie spirituelle d'une façon tiède et relâché conduit aux peines, ne trouvant de tous côtés que la gêne, parce qu'il est privé des consolations intérieures. Un religieux qui s'affranchit de sa règle est exposé à des chutes terribles. Celui qui cherche une vie moins austère et plus superficielle sera toujours dans l'angoisse. Toujours quelque chose lui déplaira.

8. Comment font tant d'autres religieux qui observent une si étroite discipline ? Ils choisissent leurs fréquentations avec prudence, savent se nourrir et vivre simplement. Ils travaillent beaucoup, parlent peu, veillent longtemps, se lèvent tôt, font de régulière pratiques spirituelles, de fréquentes lectures et observent en tout une discipline morale exemplaire. Il serait donc bien honteux que la paresse vous tînt encore éloigné d'un si saint exercice lorsque déjà tant de religieux de l'archiconfrérie célèbrent Ieschouah.

9. Il serait plus simple si vous n'aviez autre chose à faire qu'à louer de cœur et de bouche, perpétuellement, Ieschouah et Dieu ! Si jamais vous n'aviez besoin de manger, de boire, de dormir et que vous puissiez ne pas interrompre un seul moment ces louanges ni les autres exercices spirituels ! Vous seriez alors beaucoup plus heureux qu'à présent, assujetti comme vous l'êtes au corps et à toutes ses nécessités. Plût à Dieu que nous fussions affranchis de ces nécessités et que nous n'eussions à songer qu'à la nourriture de notre âme, que nous goûtons, hélas, si rarement !

10. Quand un homme en est venu à ne chercher sa consolation dans aucune créature, c'est alors qu'il commence à goûter Dieu parfaitement et qu'il est, quoiqu'il arrive, toujours satisfait. Alors il ne se réjouit d'aucune prospérité et aucun revers ne le touche. Il s'abandonne tout entier avec une pleine confiance à Dieu qui lui est tout en toutes choses, pour qui rien ne périt, rien ne meurt, pour qui au contraire tout vit et à qui tout obéit sans délai.

11. Souvenez-vous toujours que votre fin approche et que le temps perdu ne revient point. Les vertus ne s'acquièrent qu'avec beaucoup de soins et des efforts constants. Dès que vous commencerez à tomber

dans la tiédeur, vous tomberez dans le trouble. Mais si vous persévérez dans la ferveur, vous trouverez une grande paix et vous sentirez votre travail plus léger, à cause de la grâce de l'esprit et de l'amour de la vertu. L'homme fervent et zélé est prêt à tout. Il est plus pénible de résister aux vices et aux passions que de supporter les fatigues du corps. Celui qui n'évite pas les petites fautes tombe peu à peu dans les grandes. Vous vous réjouirez toujours le soir, quand vous aurez employé le jour avec fruit. Veillez sur vous, excitez-vous, avertissez-vous et quoiqu'il en soit des autres, ne vous négligez pas vous-même. Vous ne ferez de progrès qu'autant que vous vous ferez violence contrôlant vos pulsions et surmontant vos faiblesses.

LIVRE DEUXIÈME - INSTRUCTION POUR AVANCER DANS LA VIE INTÉRIEURE

1. De la conversation intérieure

1. Le royaume de Dieu est au dedans de vous. Revenez à Dieu de tout votre cœur. Laissez là ce misérable monde et votre âme trouvera le repos. Apprenez à mépriser les choses extérieures et à vous donner aux intérieures. Vous verrez alors le royaume de Dieu venir en vous. Car le royaume de Dieu est paix et joie dans l'Esprit Saint, ce qui n'est pas donné aux mauvais. Ieschouah viendra à vous et il vous remplira de ses consolations, si vous lui préparez au-dedans de vous une demeure digne de lui. Toute sa gloire et toute sa beauté est intérieure. C'est dans le secret du cœur qu'il se plaît. Il visite souvent l'homme intérieur. Ses entretiens sont doux, ses consolations ravissantes et sa paix est inépuisable et sa familiarité incompréhensible.

2. Âme fidèle, hâtez-vous donc de préparer votre cœur, afin qu'il daigne venir et habiter en vous. Car il a dit : « Si quelqu'un m'aime, il gardera ma parole et je viendrai à lui et je ferai en lui ma demeure ». Laissez donc entrer Ieschouah en vous et accueillez-le avec révérence. Vous deviendrez alors riche en esprit. Il veillera sur vous. Il prendra de vous un soin fidèle en toutes choses, de sorte que vous n'aurez plus besoin de rien attendre des hommes. Car les hommes changent vite et vous manquent tout d'un coup, mais Ieschouah demeure éternellement. Inébranlable dans sa constance, il sera près de vous jusqu'à la fin.

3. Vous ne pouvez guère compter sur la nature humaine fragile et mortelle. Bien que chacun puisse être utile à l'autre, les passions humaines sont souvent une occasion de conflits. Ceux qui sont aujourd'hui pour vous pourront être demain contre vous et réciproquement. Les hommes changent comme le vent. Mettez en Dieu toute votre confiance. Qu'il soit votre crainte et votre amour. Il répondra pour vous et il fera ce qui est le meilleur. Vous n'avez point en ce monde matériel de demeure stable. En quelque lieu que vous soyez, vous êtes étranger et voyageur. Vous n'aurez jamais de repos si vous n'êtes pas uni intimement à Ieschouah.

4. Que cherchez-vous autour de vous ? Ce n'est pas ici le lieu de votre repos. Votre demeure doit être dans le ciel et vous ne devez regarder toutes les choses de la terre que comme passagères. Tout passe et vous passez avec tout le reste. Prenez garde de vous attacher à quoi que ce soit de peur d'en devenir l'esclave et de vous perdre. Ne soyez pas insensible, mais apprenez à ne pas être dépendant. Que sans cesse votre pensée monte vers le monde divin et votre prière vers Ieschouah. Si vous ne savez pas encore vous élever aux contemplations célestes, reposez-vous dans la contemplation de Ieschouah. Recevez sa lumière, sa force et sa compassion. Ainsi, vous vous inquiéterez peu du mépris des hommes et vous supporterez aisément les paroles médisantes.

5. Ieschouah en son humanité a été aussi méprisé des hommes en ce monde et dans les plus extrêmes angoisses, abandonné des siens, de ses amis, de ses proches, au milieu des opprobres. Ieschouah en son humanité a accepté de souffrir. Ieschouah en son humanité a eu des ennemis et des détracteurs et vous voudriez n'avoir que des amis et des bienfaiteurs ? Comment votre patience pourrait-elle être renforcée s'il ne vous arrive rien de pénible ? Si vous ne voulez rien souffrir, comment serez-vous ami de Ieschouah ?

6. Si une seule fois vous étiez entré bien avant dans le cœur de Ieschouah et que vous eussiez ressenti quelque mouvement de son amour, que vous auriez peu de souci de ce qui peut vous contrarier ou vous plaire ! Vous vous réjouiriez d'un outrage reçu parce que l'amour de Ieschouah apprend à l'homme sa véritable nature. Celui qui aime Ieschouah et la vérité, un homme vraiment intérieur et dégagé de toute affection déréglée, peut librement s'approcher de Dieu et, s'élevant en esprit au-dessus de soi-même, se reposer en lui par une jouissance anticipée.

7. Celui qui estime les choses suivant ce qu'elles sont et non d'après les discours et l'opinion des hommes, est vraiment sage. C'est Dieu qui l'instruit plus que les hommes. Celui qui vit au-dedans de lui-même et qui s'inquiète peu des choses du dehors, tous les lieux lui sont bons et tous les temps pour remplir ses pieux exercices. Un homme intérieur se recueille bien vite parce qu'il ne se répand jamais tout entier au-dehors. Les travaux extérieurs, les occupations nécessaires en certain temps, ne le troublent point; mais il se prête aux choses selon qu'elles arrivent. Celui qui a établi l'ordre au-dedans de soi ne se tourmente guère de ce

qu'il y a de bien ou de mal dans les autres. L'on n'a de distractions et d'obstacles qu'autant que l'on s'en crée soi-même.

8. Si vous étiez ce que vous devez être, entièrement libre et détaché, tout contribuerait à votre bien et à votre progrès. Mais beaucoup de choses vous déplaisent et souvent vous troublent, parce que vous n'êtes pas encore tout à fait mort à vous-même et séparé des choses de la terre. Rien n'embarrasse et ne souille tant le cœur de l'homme que l'amour impur des créatures. Si vous rejetez les consolations du dehors, vous pourrez contempler les choses du ciel et goûter souvent les joies intérieures.

2. Qu'il faut s'abandonner à Dieu en esprit d'humilité

1. Inquiétez-vous peu qui est pour vous ou contre vous, mais prenez soin que Dieu soit avec vous en tout ce que vous faites. Recherchez la protection de Ieschouah votre guide. Ayez la conscience pure et Dieu prendra votre défense. Toute la malice des hommes ne saurait nuire à celui que Dieu veut protéger. Si vous savez vous taire et vous détachez des passions mauvaises, sans nul doute Dieu vous assistera. Il sait le temps et la manière de vous délivrer. Abandonnez-vous donc à lui. C'est de Dieu que vient le secours. C 'est lui qui délivre de la confusion. Il est souvent très utile, pour nous retenir dans une plus grande humilité, que les autres soient instruits de nos défauts et qu'ils nous les reprochent.

2. Quand un homme s'humilie de ses défauts, il apaise aisément les autres et se concilie sans peine ceux qui sont irrités contre lui. Dieu protège l'humble et le délivre. Il aime l'humble et le console. Il s'incline vers l'humble et lui prodigue ses grâces et après l'abaissement. Il l'élève dans la gloire. Il révèle à l'humble ses secrets, il l'invite et l'attire doucement à lui. Quelque affront qu'il reçoive, l'humble vit encore en paix, parce qu'il s'appuie sur Dieu et non sur le monde. Ne pensez pas avoir fait de progrès si vous ne vous croyez au-dessous de tous les autres.

3. De l'homme pacifique

1. Conservez-vous premièrement dans la paix. Vous pourrez alors la donner aux autres. Un homme guidé par ses pulsions change le bien en

mal et le suit aisément. L'homme paisible et bon ramène tout au bien. Celui qui est affermi dans la paix ne pense mal de personne. Mais l'homme inquiet et mécontent est agité de divers soupçons. Il n'a jamais de repos et n'en laisse point aux autres. Il dit souvent ce qu'il ne faudrait pas dire et ne fait pas ce qu'il faudrait faire. Attentif aux devoirs des autres, il néglige ses propres devoirs. Ayez donc premièrement du zèle pour vous-même et vous pourrez ensuite avec justice l'étendre sur le prochain.

2. Vous savez bien cacher et excuser vos fautes et vous ne voulez pas recevoir les excuses des autres. Il serait plus juste de vous accuser vous-même et d'excuser vos frères et sœurs. Si vous voulez qu'on vous supporte, supportez aussi les autres. Voyez combien vous êtes loin encore de la vraie charité et de l'humilité, qui jamais ne s'irrite et ne s'indigne que contre elle-même. Ce n'est pas une grande chose de bien vivre avec les hommes doux et bons, car cela plaît naturellement à tous. Chacun aime son repos et s'affectionne à ceux qui partagent ses sentiments. Mais vivre en paix avec des hommes durs, pervers, sans règle, ou qui nous contrarient, c'est une grande grâce, une vertu courageuse digne d'être louée.

3. Il y en a qui sont en paix avec eux-mêmes et avec les autres. Et il y en a qui n'ont point la paix et qui troublent celle d'autrui. Ils sont à charge aux autres et plus à charge à eux-mêmes. Il y en a, enfin, qui se maintiennent dans la paix et qui s'efforcent de la rendre aux autres. Au reste toute notre paix dans cette misérable vie, consiste plus dans une souffrance humble que dans l'exemption de la souffrance. Qui sait le mieux souffrir possédera la plus grande paix. Celui-là est vainqueur de soi et maître du monde, ami de Ieschouah et héritier du ciel.

4. De la pureté d'esprit et de la droiture d'intention

1. L'homme s'élève au-dessus de la terre sur deux ailes, la simplicité et la pureté. La simplicité doit être dans l'intention et la pureté dans l'affection. La simplicité cherche Dieu, la pureté le trouve et le goûte. Nulle bonne œuvre ne vous sera difficile si vous êtes libre au-dedans de toute affection déréglée. Si vous ne voulez que ce que Dieu veut et ce qui est utile au prochain, vous jouirez de la liberté intérieure. Si votre cœur était droit, alors toute créature vous serait un miroir de vie et un

livre rempli de saintes instructions. Il n'est point de créature si petite et si vile qui ne présente quelque image de la bonté de Dieu.

2. Si vous aviez en vous assez d'innocence et de pureté, vous verriez tout sans obstacle. Un cœur pur pénètre toutes les demeures spirituelles. Chacun juge des choses du dehors selon ce qu'il est au-dedans de lui-même. S'il est quelque joie dans le monde, le cœur pur la possède. Et s'il y a des angoisses et des tribulations, avant tout elles sont connues de la mauvaise conscience. Comme le fer mis au feu perd sa rouille et devient tout étincelant, ainsi celui qui se donne sans réserve à Dieu se dépouille de sa langueur et se change en un homme nouveau.

3. Quand l'homme commence à tomber dans la tiédeur, alors il craint le moindre travail et reçoit avidement les consolations du dehors. Mais quand il commence à se vaincre parfaitement et à marcher avec courage dans la voie de Dieu, alors il ne compte pour rien ce qui lui était le plus pénible.

5. De la considération de soi-même

1. Nous ne devons pas trop compter sur nous-mêmes, parce que souvent la grâce et le jugement nous manquent. Nous n'avons en nous que peu de lumière et ce peu, il est aisé de le perdre par négligence. Souvent nous ne nous apercevons pas combien nous sommes aveugles au-dedans de nous. A de mauvaises actions souvent nous donnons de pires excuses. Quelquefois nous sommes mus par la passion et nous croyons que c'est par le zèle. Nous relevons de petites fautes dans les autres et nous nous en permettons de plus grandes. Nous sentons bien vite et nous pesons ce que nous souffrons des autres. Mais tout ce qu'ils ont à souffrir de nous, nous n'y songeons point. Qui se jugerait équitablement soi-même, sentirait qu'il n'a droit de juger personne sévèrement.

2. L'homme intérieur préfère le soin de soi-même à tout autre soin. Lorsqu'on est attentif à soi, on se tait aisément sur les autres. Vous ne serez jamais un homme intérieur et vraiment pieux, si vous ne gardez le silence sur ce qui vous est étranger et si vous ne vous occupez principalement de vous-même. Si vous n'avez que Dieu et vous-même en vue, vous serez peu touché de ce que vous apercevrez au-dehors. Où

êtes-vous quand vous n'êtes pas présent à vous-même ? Et que vous revient-il d'avoir tout parcouru et de vous être oublié ? Si vous voulez posséder la paix et être véritablement uni à Dieu, il faut laisser là tout le reste et ne penser qu'à vous seul.

3. Vous ferez de grands progrès si vous vous dégagez de tous les soins du temps. Vous serez, au contraire, fatigué bien vite, si vous comptez pour quelque chose ce qui n'est que de ce monde. Qu'il n'y ait rien de grand à vos yeux, d'élevé, de doux, d'aimable, que Dieu seul, ou ce qui vient de Dieu. Regardez comme une pure vanité toute consolation qui repose sur la créature. L'âme qui aime Dieu méprise tout ce qui est au-dessous de Dieu. Dieu seul, éternel, immense et remplissant tout, est la consolation de l'âme et la vraie joie du cœur.

6. De la joie d'une bonne conscience

1. La gloire de l'homme de bien est le témoignage de sa conscience. Ayez la conscience pure et vous posséderez toujours la joie. La bonne conscience peut supporter beaucoup de choses et elle est pleine de joie dans les adversités. La mauvaise conscience est toujours inquiète et troublée. Vous jouirez d'un repos ravissant si votre cœur ne vous reproche rien. Ne vous réjouissez que d'avoir fait le bien. Les méchants n'ont jamais de véritable joie, ils ne possèdent point la paix intérieure, parce qu'il n'y a point de paix pour l'être guidé pas ses pulsions désordonnées. Et s'ils disent : « Nous sommes dans la paix, les maux ne viendront pas sur nous. Qui oserait nous nuire ? » Ne les croyez pas car la colère de Dieu se lèvera soudain et leurs œuvres seront réduites à rien et leurs pensées périront.

2. Se faire un sujet de gloire de la tribulation n'est pas difficile à celui qui aime. Se glorifier ainsi, c'est se glorifier dans la voie de Ieschouah. La gloire que les hommes donnent et reçoivent est courte. La tristesse accompagne toujours la gloire du monde. La gloire des bons est dans leur conscience et non dans la bouche des hommes. L'allégresse des justes est de Dieu et en Dieu et leur joie vient de la vérité. Celui qui désire la gloire véritable et éternelle dédaigne la gloire du temps. Et celui qui recherche la gloire du temps et ne la méprise pas de toute son âme montre qu'il aime peu la gloire éternelle. Il jouit d'une grande tranquillité de cœur, celui que n'émeut ni la louange ni le blâme.

3. Il sera aisément en paix et content, celui dont la conscience est pure. Vous n'êtes pas plus saint parce qu'on vous loue, ni plus imparfait parce qu'on vous blâme. Vous êtes ce que vous êtes et tout ce qu'on pourra dire ne vous fera pas plus grand que vous ne l'êtes aux yeux de Dieu. Si vous considérez bien ce que vous êtes en vous-même, vous vous embarrasserez peu de ce que les hommes disent de vous. L'homme voit le visage, mais Dieu voit le cœur. L'homme regarde les actions, mais Dieu pèse l'intention. Faire toujours bien et s'estimer peu, c'est le signe d'une âme humble. Ne vouloir de consolation d'aucune créature, c'est la marque d'une grande pureté et d'une grande confiance intérieure.

4. Quand on ne cherche au-dehors aucun témoignage en sa faveur, il est manifeste qu'on s'est entièrement remis à Dieu. Avoir toujours Dieu présent au-dedans de soi et ne tenir à rien au-dehors, c'est l'état de l'homme intérieur.

7. Qu'il faut aimer Ieschouah par-dessus toutes choses

1. Heureux celui qui comprend ce que c'est que d'aimer Ieschouah et de se voir soi-même tel que l'on est à cause de Ieschouah. Il faut que notre amour pour lui nous détache de tout autre amour, parce que Ieschouah veut être aimé seul par-dessus toutes choses. L'amour de la créature est trompeur et passe bientôt. L'amour de Ieschouah est stable et fidèle. Celui qui s'attache à la créature tombera avec elle. Celui qui s'attache à Ieschouah sera à jamais affermi. Aimez et conservez pour ami Ieschouah. Il ne vous quittera point alors que tous vous abandonneront et quand viendra votre fin, ne vous laissera point périr. Que vous le vouliez ou non, il vous faudra un jour être séparé de tout.

2. Vivant et mourant, tenez-vous donc près de Ieschouah et confiez-vous à la fidélité de celui qui seul peut vous secourir lorsque tout vous manquera. Tel est votre bien-aimé, qu'il ne veut point de partage. Il veut posséder seul votre cœur et y régner comme un roi sur le trône qui est à lui. Si vous saviez bannir de votre âme toutes les créatures méprisables, Ieschouah se plairait à demeurer en vous. Vous trouverez avoir perdu presque tout ce que vous aurez établi sur les hommes et non sur Ieschouah ! Ne vous appuyez point sur un roseau qu'agite le vent et n'y mettez pas votre confiance, car toute chair est comme l'herbe et sa gloire passe comme la fleur des champs.

3. Vous serez trompé souvent si vous jugez des hommes d'après ce qui paraît au-dehors. Au lieu des avantages et du soulagement que vous cherchez en eux, vous n'éprouverez presque toujours que du préjudice. Cherchez Ieschouah en tout et en tout vous trouverez Ieschouah. Si vous vous cherchez vous-même, vous vous trouverez aussi, mais pour votre perte. Car l'homme qui ne cherche pas Ieschouah se nuit plus à lui-même que tous ses ennemis et que le monde entier.

8. De la familiarité que l'amour établit entre Ieschouah et l'âme fidèle

1. Quand Ieschouah est présent, tout est doux et rien ne semble difficile; mais quand Ieschouah se retire, tout fatigue. Quand Ieschouah ne parle pas au-dedans, nulle consolation n'a de prix; mais si Ieschouah dit une seule parole, on est merveilleusement consolé. Marie-Madeleine se leva aussitôt du lit où elle pleurait, lorsque Marthe lui dit : Le maître est là et vous appelle ? Heureux moment où Ieschouah appelle des larmes à la joie de l'esprit ! Combien, sans Ieschouah, n'êtes-vous pas aride et insensible ! Et quelle vanité, quelle folie, si vous désirez autre chose que Ieschouah ! Ne serait-ce pas une plus grande perte que si vous aviez perdu le monde entier ?

2. Que peut vous donner le monde sans Ieschouah ? Être sans Ieschouah, c'est un insupportable enfer. Être avec Ieschouah, c'est un paradis de délices. Si Ieschouah est avec vous, nul ennemi ne pourra vous nuire. Qui trouve Ieschouah trouve un trésor immense, ou plutôt un bien au-dessus de tout bien. Qui perd Ieschouah perd plus et beaucoup plus que s'il perdait le monde entier. Vivre sans Ieschouah, c'est le comble de l'indigence; être uni à Ieschouah, c'est posséder des richesses infinies.

3. C'est un grand art que de savoir converser avec Ieschouah et une grande prudence que de savoir le retenir près de soi. Soyez humble et pacifique et Ieschouah sera avec vous. Que votre vie soit pieuse et calme et Ieschouah demeurera près de vous. Vous éloignerez bientôt Ieschouah et vous perdrez sa grâce, si vous voulez vous répandre au-dehors. Et si vous l'éloignez et le perdez, qui sera votre refuge et quel autre ami chercherez-vous ? Vous ne sauriez vivre heureux sans ami. Si

Ieschouah n'est pas pour vous un ami au-dessus de tous les autres, n'attendez que tristesse et désolation. Qu'insensé vous êtes, si vous mettez en quelque autre votre confiance ou votre joie ! Il vaudrait mieux avoir le monde entier contre vous, que d'être dans la disgrâce de Ieschouah. Qu'il vous soit donc plus cher que tout ce qui vous est cher.

4. Aimez tous les autres pour Ieschouah et Ieschouah pour lui-même. Lui seul doit être aimé uniquement, parce qu'il est le seul ami bon, fidèle, entre tous les amis. Aimez en lui et à cause de lui vos amis et vos ennemis et priez-le pour tous afin que tous le connaissent et l'aiment. Ne souhaitez jamais d'obtenir aucune préférence dans l'estime ou l'amour des hommes car cela n'appartient qu'à Dieu, qui n'a point d'égal. Ne désirez point que quelqu'un s'occupe de vous dans son cœur et ne soyez vous-même préoccupé de l'amour de personne; mais que Ieschouah soit en vous et en tout homme de bien

5. Soyez pur et libre au-dedans, sans aucune attache à ce monde physique. Il vous faut être dépouillé de tout et offrir à Dieu un cœur pur, si vous voulez être libre et goûter comme Ieschouah est doux. Et certes, jamais vous n'y parviendrez si sa grâce ne vous prévient et ne vous attire : de sorte qu'ayant exclu et banni tout le reste, vous soyez seul uni à lui seul. Car lorsque la grâce de Dieu visite l'homme, alors il peut tout; et quand elle se retire, alors il est pauvre et infirme et ne semble réservé qu'aux châtiments. En cet état même, il ne doit ni se laisser abattre ni désespérer, mais il doit se soumettre avec calme à la volonté de Dieu et souffrir pour l'amour de Ieschouah tout ce qui lui arrive : car l'été succède à l'hiver, après la nuit revient le jour et après la tempête une grande sérénité.

9. De la privation de toute consolation

1. Il n'est pas difficile de mépriser les consolations humaines quand on jouit des consolations divines. Mais il est grand et très grand de consentir à être privé tout à la fois des consolations des hommes et de celles de Dieu, de supporter volontairement pour sa gloire cet exil du cœur, de ne se rechercher en rien et de ne faire aucun retour sur ses propres mérites. Qu'y a-t-il d'étonnant si vous êtes rempli d'allégresse et de ferveur lorsque la grâce descend en vous ? C'est pour tous l'heure désirable. Il avance aisément et avec joie, celui que la grâce soulève. Comment

sentirait-il son fardeau, quand il est porté par le Tout-Puissant et conduit par le guide suprême ?

2. Toujours nous cherchons quelque soulagement et difficilement l'homme se dépouille de lui-même. Pour l'amour du créateur surmontant l'amour de l'homme, aux consolations humaines il faut préférer le bon plaisir divin. Et vous aussi, apprenez donc à quitter, pour l'amour de Dieu, les plaisirs illusoires du monde. Et ne murmurez point s'il arrive que votre ami vous abandonne, sachant qu'après tout il faudra bien un jour se séparer de tous.

3. Ce n'est pas sans combattre beaucoup et longtemps en lui-même, que l'homme apprend à se vaincre pleinement et à reporter en Dieu toutes ses affections. Lorsqu'il s'appuie sur lui-même, il se laisse aisément aller aux consolations humaines. Mais celui qui a vraiment l'amour de Ieschouah et le zèle de la vertu ne cède point à l'attrait des consolations et ne cherche point les douceurs sensibles. Il désire plutôt de fortes épreuves et de souffrir de durs travaux pour Ieschouah.

4. Quand donc Dieu vous accorde quelque consolation spirituelle, recevez-la avec actions de grâces. Mais reconnaissez-y le don de Dieu et non votre propre mérite. Ne vous en élevez pas, n'en ayez point trop de joie, n'en concevez pas une vaine présomption. Que cette grâce, au contraire, vous rende plus humble, plus vigilant, plus timide dans toutes vos actions; car ce moment passera et sera suivi de la tentation. Quand la consolation vous est ôtée, ne vous découragez pas aussitôt. Attendez plutôt avec humilité et avec patience que Dieu vous visite de nouveau, car il est tout-puissant pour vous consoler encore plus. Cela n'est ni nouveau ni étrange pour ceux qui ont l'expérience des voies de Dieu. Les grands sages et saints ont souvent éprouvé ces vicissitudes.

5. Un d'eux, sentant la présence de la grâce, s'écriait : « J'ai dit dans mon abondance : Je ne serai jamais ébranlé ! » Mais la grâce s'étant retirée, il ajoutait : « Vous avez détourné de moi votre face et j'ai été rempli de trouble ». Dans ce trouble cependant, il ne désespère point. Il prie le Seigneur avec plus d'insistance, disant : « Seigneur, je crierai vers vous et j'implorerai mon Dieu. » Enfin il recueille le fruit de sa prière et il témoigne qu'il a été exaucé : « Le Seigneur m'a écouté, il a eu pitié de moi, le Seigneur s'est fait mon appui. » Mais comment ? « Vous avez, dit-il, changé mes gémissements en chants d'allégresse et vous m'avez environné de joie ». Or, puisque Dieu en use ainsi avec les plus grands

saints, nous ne devons pas perdre courage, pauvres infirmes que nous sommes, si quelquefois nous éprouvons de la ferveur et quelquefois du refroidissement, car l'esprit de Dieu vient et se retire comme il lui plaît.

6. En quoi donc espérer et en quoi mettre ma confiance, si ce n'est uniquement dans la grande miséricorde de mon Dieu et dans l'attente de la grâce céleste ? Car, soit que j'aie près de moi des hommes vertueux, des religieux fervents, des amis fidèles; soit que je lise de saints livres et d'éloquents traités, soit que j'entende le doux chant des hymnes, tout cela aide peu et ne touche guère quand la grâce se retire et que je suis délaissé dans ma propre indigence. Alors il n'est point de meilleur remède qu'une humble patience et l'abandon de soi-même à la volonté de Dieu.

7. Je n'ai jamais rencontré d'homme si pieux et si parfait qui n'ait éprouvé quelquefois cette privation de la grâce et une diminution de ferveur. Nul saint n'a été ravi si haut ni si rempli de lumière qu'il n'ait été tenté avant ou après. Car il n'est pas digne d'être élevé jusqu'à la contemplation de Dieu, celui qui n'a pas souffert quelque tribulation. La tentation annonce d'ordinaire la consolation qui doit suivre. Car la consolation céleste est promise à ceux qu'a éprouvés la tentation.

8. La consolation divine est donnée afin que l'homme ait plus de force pour soutenir l'adversité. La tentation vient après, afin qu'il ne s'enorgueillisse pas du bien. Car Satan ne dort point et la chair n'est pas encore morte. C'est pourquoi ne cessez de vous préparer au combat, parce qu'à droite et à gauche sont des ennemis qui ne se reposent jamais.

10. De la reconnaissance pour la grâce de Dieu

1. Pourquoi cherchez-vous le repos lorsque vous êtes né pour le travail ? Disposez-vous à la patience plutôt qu'aux consolations et à porter la croix plutôt qu'à goûter la joie. Quel est l'homme du siècle qui ne reçut volontiers les joies et les consolations spirituelles, s'il pouvait en jouir toujours ? Car les consolations spirituelles surpassent toutes les délices du monde et toutes les voluptés de la chair. Tous les délices du monde sont ou honteuses ou vaines. Les délices spirituels sont seules douces et chastes, nées des vertus et répandues par Dieu dans les cœurs purs. Mais

nul ne peut jouir toujours à son gré des consolations divines, parce que la tentation ne cesse jamais longtemps.

2. Une fausse liberté d'esprit et une grande confiance en soi-même forment un grand obstacle aux visites d'en-haut. Dieu accorde à l'homme un grand bien en lui donnant la grâce de la consolation. Mais l'homme fait un grand mal quand il ne remercie pas Dieu de ce don et ne le lui rapporte pas tout entier. Si la grâce ne coule point abondamment sur nous, c'est que nous sommes ingrats envers son auteur et que nous ne remontons point à sa source première. Car la grâce n'est jamais refusée à celui qui la reçoit avec gratitude et Dieu ordinairement donne à l'humble ce qu'il ôte au fier.

3. Je ne veux point de la consolation qui m'ôte la componction. Je n'aspire point à la contemplation qui conduit à l'orgueil. Car tout ce qui est élevé n'est pas saint. Tout ce qui est doux n'est pas bon. Tout désir n'est pas pur. Tout ce qui est cher à l'homme n'est pas agréable à Dieu. J'aime une grâce qui me rend plus humble, plus vigilant, plus prêt à me renoncer moi-même. L'homme instruit par le don de la grâce et par sa privation n'osera s'attribuer aucun bien, mais plutôt il confessera son indigence et sa fragilité. Donnez à Dieu ce qui est à Dieu et ce qui est de vous, ne l'imputez qu'à vous. Rendez gloire à Dieu de ses grâces et reconnaissez que n'ayant rien à vous que le péché, rien ne vous est dû que la peine du péché.

4. Ne vous mettez pas à la première place et elle vous sera donnée, car ce qui est le plus élevé s'appuie sur ce qui est le plus bas. Les plus grands saints aux yeux de Dieu sont les plus petits à leurs propres yeux. Plus leur vocation est sublime, plus ils sont humbles dans leur cœur. Pleins de la vérité et de la gloire céleste, ils ne sont pas avides d'une gloire vaine. Fondés et affermis en Dieu, ils ne sauraient s'élever en eux-mêmes. Rapportant à Dieu tout ce qu'ils ont reçu de bien, ils ne recherchent point la gloire que donnent les hommes et ne veulent que celle qui vient de Dieu seul. Leur unique but, leur unique désir, est qu'il soit glorifié en lui-même et dans tous les saints, par-dessus toutes choses.

5. Soyez donc reconnaissants des moindres grâces et vous mériterez d'en recevoir de plus grandes. Que le plus léger don, la plus petite faveur aient pour vous autant de prix que le don le plus excellent et la faveur la plus singulière. Si vous considérez la grandeur de celui qui donne, rien de ce qu'il donne ne vous paraîtra petit ni méprisable, car peut-il être quelque

chose de tel dans ce qui vient d'un Dieu infini ? Vous envoie-t-il des peines et des châtiments ? Recevez-les encore avec joie, car c'est toujours pour notre salut qu'il fait ou qu'il permet tout ce qui nous arrive. Si vous voulez conserver la grâce de Dieu, soyez reconnaissant lorsqu'il vous la donne, patient lorsqu'il vous l'ôte. Priez pour qu'elle vous soit rendue et soyez humble et vigilant pour ne pas la perdre.

11. Du petit nombre de ceux qui acceptent les épreuves

1. Il y en a beaucoup qui désirent le céleste royaume de Ieschouah, mais peu consentent à accepter les épreuves. Beaucoup souhaitent les consolations de Ieschouah, mais peu acceptent les épreuves et souffrances. On trouve beaucoup de compagnons de table, mais peu pour pratiquer cette aride voie spirituelle. Tous veulent partager la joie de Ieschouah, mais peu acceptent de supporter quelque chose pour lui. Plusieurs suivent Ieschouah jusqu'à la fraction du pain, mais peu jusqu'à boire le calice de sa passion. Plusieurs admirent ses miracles, mais peu ont le courage d'aller de l'avant quelles que soient les souffrances. Plusieurs aiment Ieschouah pendant qu'il ne leur arrive aucune adversité. Plusieurs le louent et le bénissent, tandis qu'ils reçoivent ses consolations. Mais si Ieschouah se cache et les délaisse un moment, ils tombent dans le murmure ou dans un excessif abattement.

2. Mais ceux qui aiment Ieschouah pour Ieschouah et non pour eux-mêmes, le bénissent dans toutes les tribulations et dans l'angoisse du cœur comme dans les consolations les plus douces. Et quand il ne voudrait jamais les consoler, toujours cependant ils le loueraient, toujours ils lui rendraient grâces.

3. Oh ! que ne peut l'amour de Ieschouah, quand il est pur et sans mélange d'amour ni d'intérêt propre ! Ne sont-ce pas des mercenaires ceux qui cherchent toujours des consolations ? Ne prouvent-ils pas qu'ils s'aiment eux-mêmes plus que Ieschouah, ceux qui pensent toujours à leurs gains et à leurs avantages ? Où trouvera-t-on quelqu'un qui veuille servir Dieu pour Dieu seul ?

4. Rarement on rencontre un homme assez avancé dans les voies spirituelles pour être dépouillé de tout. Car le véritable pauvre d'esprit, détaché de toute créature, qui le trouvera ? Il faut le chercher bien loin

et jusqu'aux extrémités de la terre. Si l'homme donne tout ce qu'il possède, ce n'est encore rien. S'il fait une grande pénitence, c'est peu encore. Et s'il embrasse toutes les sciences, il est encore loin. Et s'il a une grande vertu et une piété fervente, il lui manque encore beaucoup. Il lui manque une chose souverainement nécessaire. Qu'est-ce encore ? C'est qu'après avoir tout quitté, il se quitte aussi lui-même et se dépouille entièrement de l'amour de soi. C'est enfin qu'après avoir fait tout ce qu'il sait devoir faire, il pense encore n'avoir rien fait.

5. Qu'il estime peu ce qu'on pourrait regarder comme quelque chose de grand et qu'en toute sincérité il confesse qu'il est un serviteur inutile. Alors il sera vraiment pauvre et séparé de tout en esprit et il pourra dire : « Oui, je suis pauvre et seul dans le monde ». Nul cependant n'est plus riche, plus puissant, plus libre, que celui qui sait quitter tout et soi-même et se mettre au dernier rang.

Livre troisième - De la vie intérieure

1. Des entretiens intérieurs de Ieschouah avec l'âme fidèle

1. Heureuse l'âme qui entend le Seigneur lui parler intérieurement et qui reçoit de sa bouche la parole de consolation ! Heureuses les oreilles toujours attentives à recueillir ce souffle divin et sourdes au bruit du monde ! Heureuses, encore une fois, les oreilles qui écoutent non la voix qui retentit au-dehors, mais la vérité qui enseigne au-dedans ! Heureux les yeux qui, fermés aux choses extérieures, ne contemplent que les intérieures ! Heureux ceux qui pénètrent les mystères que le cœur recèle et qui, par des exercices de chaque jour, tâchent de se préparer de plus en plus à comprendre les secrets du Ciel ! Heureux ceux dont la joie est de s'occuper de Dieu et qui se dégagent de tous les embarras du siècle ! Considère ces choses, ô mon âme et ferme régulièrement la porte de tes sens, afin que tu puisses entendre ce que le Seigneur ton Dieu dit en toi.

2. Demeurez près de Ieschouah et vous trouverez la paix. Laissez là tout ce qui passe. Ne cherchez que ce qui est éternel. Que sont toutes les choses du temps, que des séductions vaines ? Et de quoi vous serviront toutes les créatures si vous êtes abandonné par Ieschouah ? Renoncez donc à tout et occupez-vous de plaire à Dieu, de lui être fidèle, afin de parvenir à la vraie béatitude.

2. La vérité parle au dedans de nous sans aucun bruit

1. Parlez Seigneur, parce que votre serviteur écoute. Je suis votre serviteur. Donnez-moi la compréhension de votre message. Inclinez mon cœur aux paroles de votre bouche et qu'elles tombent sur moi comme une douce rosée. Seigneur, ce n'est pas là ma prière, mais au contraire, je vous implore avec un humble désir. Vous la lumière de tous les prophètes et l'esprit qui les inspirait. Sans eux, vous pouvez seul pénétrer toute mon âme de votre vérité et sans vous ils ne pourraient rien.

2. Ils peuvent prononcer des paroles, mais non les rendre efficaces. Leur langage est sublime, mais si vous vous taisez, il n'échauffe point le cœur. Ils exposent la lettre, mais vous en découvrez le sens. Ils proposent les mystères, mais vous rompez le sceau qui en dérobait l'intelligence. Ils publient vos commandements, mais vous aidez à les accomplir. Ils montrent la voie, mais vous donnez des forces pour marcher. Ils n'agissent qu'au-dehors, mais vous éclairez et instruisez les cœurs. Ils arrosent extérieurement, mais vous donnez la fécondité. Leurs paroles frappent l'oreille, mais vous ouvrez l'intelligence.

3. Seigneur, mon Dieu, éternelle vérité, parlez-moi, de peur que je ne meure et que je n'écoute sans fruit; de peur que je ne trouve ma condamnation dans votre parole, entendue sans être accomplie, connue sans être aimée, crue sans être observée. Parlez-moi donc, Seigneur, parce que votre serviteur écoute, vous avez les paroles de la vie éternelle. Parlez-moi pour consoler un peu mon âme, pour m'apprendre à réformer ma vie, parlez-moi pour la louange, la gloire, l'honneur éternel de votre nom.

3. Qu'il faut écouter la parole de Dieu avec humilité et que plusieurs ne la reçoivent pas comme ils le devraient

1. Ieschouah dit : « Mon fils, écoutez mes paroles pleines de douceur. Mes paroles sont esprit et vie et l'on n'en doit pas juger par le sens humain. Il ne faut pas en tirer une vaine complaisance, mais les écouter en silence et les recevoir avec une humilité profonde et un ardent amour ».

2. L'adepte : « Heureux celui que vous instruisez, Seigneur et à qui vous enseignez votre loi, afin de lui adoucir les jours mauvais et de ne pas le laisser sans consolation sur la terre ».

3. Ieschouah : « C'est moi qui ai, dès le commencement, instruit les prophètes et jusqu'à présent même je ne cesse point de parler à tous; mais plusieurs sont endurcis et sourds à ma voix. Le plus grand nombre écoute le monde de préférence à Dieu. Ils aiment mieux suivre les désirs de la chair que d'obéir à la volonté divine. Le monde promet peu de chose et des choses qui passent et on le sert avec une grande ardeur. Je promets des biens immenses, éternels et le cœur des hommes reste froid.

Qui me sert et m'obéit en toute chose, avec autant de soin qu'on sert le monde et les maîtres du monde ? Pour un petit avantage, on entreprend une longue route et pour la vie éternelle, à peine en trouve-t-on qui veuillent faire un pas. On recherche le plus vil gain. On plaide honteusement quelquefois pour une pièce de monnaie alors que sur une légère promesse et pour une chose de rien, on ne craint pas de se fatiguer le jour et la nuit.

4. Mais, ô honte ! Pour un bien immuable, pour une récompense infinie, pour un bonheur suprême et une gloire sans fin, on ne saurait se résoudre à la moindre fatigue. Serviteur paresseux et toujours murmurant, rougis donc de ce qu'il y ait des hommes plus ardents à leur perte que tu ne l'es à te sauver et pour qui la vanité a plus d'attrait que n'en a pour toi la vérité. Et cependant ils sont souvent abusés par leurs espérances; tandis que ma promesse ne trompe point et que jamais je ne me refuse à celui qui se confie en moi. Ce que j'ai promis, je le donnerai. Ce que j'ai dit, je l'accomplirai, si toutefois l'on demeure avec fidélité dans mon amour jusqu'à la fin. C'est moi qui récompense les bons et qui éprouve fortement les justes.

5. Gravez mes paroles dans votre cœur et méditez-les profondément, car à l'heure de la tentation, elles vous seront très nécessaires. Ce que vous n'entendez pas en le lisant, vous le comprendrez au jour de ma visite. J'ai coutume de visiter mes élus de deux manières : par la tentation et la consolation. Et tous les jours, je leur donne deux leçons : l'une en les reprenant de leurs défauts, l'autre en les exhortant à avancer dans la vertu. Celui qui reçoit ma parole et qui la méprise, sera jugé par elle au dernier jour ».

6. Prière pour demander la grâce de la dévotion

L'adepte : « Seigneur mon Dieu, vous êtes tout mon bien et que suis-je pour oser vous parler ?

Je suis le plus pauvre de vos serviteurs et un abject ver de terre, beaucoup plus pauvre et plus méprisable que je ne sais et que je n'ose dire.

Souvenez-vous cependant, Seigneur, que je ne suis rien, que je n'ai rien, que je ne puis rien.

Vous êtes seul bon, juste et saint. Vous pouvez tout, vous donnez tout, vous remplissez tout, en dehors du pécheur que vous laissez vide.

Souvenez-vous de vos miséricordes et remplissez mon cœur de votre grâce, vous qui ne voulez point qu'aucun de vos ouvrages demeure vide.

Comment puis-je, en cette misérable vie, porter le poids de moi-même, si votre miséricorde et votre grâce ne me fortifient ? Ne détournez pas de moi votre visage et ne différez pas à me visiter. Ne me retirez point votre consolation, de peur que, privée de vous, mon âme ne devienne comme une terre sans eau. Seigneur, apprenez-moi à faire votre volonté. Apprenez-moi à vivre d'une vie humble et digne de vous. Car vous êtes ma sagesse. Vous me connaissez dans la vérité et vous m'avez connu avant que je fusse au monde et avant même que le monde fût ».

4. Qu'il faut marcher en présence de Dieu dans la vérité et l'humilité

1. Ieschouah : « Mon fils, marchez devant moi dans la vérité et cherchez-moi toujours dans la simplicité de votre cœur. Celui qui marche devant moi dans la vérité ne craindra nulle attaque, la vérité le délivrera des calomnies et des séductions des méchants. Si la vérité vous délivre, vous serez vraiment libre et peu vous importeront les vains discours des hommes ».

2. L'adepte : « Seigneur, il est vrai : qu'il me soit fait, de grâce, selon votre parole. Que votre vérité m'instruise, qu'elle me défende, qu'elle me conserve jusqu'à la fin dans la voie du salut. Qu'elle me délivre de tout désir mauvais, de toute affection déréglée et je marcherai devant vous dans une grande liberté de cœur ».

3. Ieschouah : « Je suis la vérité et la vie. Je vous enseignerai ce qui est bon, ce qui m'est agréable. Rappelez-vous vos manquements avec une grande douleur et un profond regret et ne pensez jamais être quelque chose à cause du bien que vous faites. Car, sans la vérité, vous n'êtes qu'un pécheur, sujet à beaucoup de passions et engagé dans leurs liens. De vous-même vous tendez toujours au néant; un rien vous ébranle, un rien vous abat, un rien vous trouble et vous décourage. Qu'avez-vous donc dont vous puissiez vous glorifier ? et que de motifs, au contraire, pour vous mépriser vous-même ! car vous êtes beaucoup plus infirme que vous ne sauriez le comprendre.

4. Que rien de ce que vous faites ne vous paraisse donc quelque chose de grand. Mais plutôt qu'à vos yeux rien ne soit grand, précieux, admirable, élevé, digne d'être estimé, loué, recherché, que ce qui est éternel. Aimez par-dessus toutes choses l'éternelle vérité et n'ayez jamais que du mépris pour votre extrême bassesse. N'appréhendez rien tant, ne blâmez et ne fuyez rien tant que vos faiblesses et vos vices. Ils doivent vous affliger plus que toutes les pertes du monde. Il y en a qui ne marchent pas devant moi avec un cœur sincère. Toutefois guidés par une certaine curiosité présomptueuse, ils veulent découvrir mes secrets et pénétrer les profondeurs de Dieu, tandis qu'ils négligent de s'occuper d'eux-mêmes et de leur salut. Ceux-là tombent souvent, à cause de leur orgueil et de leur curiosité, en de grandes fautes, parce que je m'oppose à eux.

5. Craignez les jugements de Dieu. Redoutez la colère du Tout-Puissant. Ne scrutez point les œuvres du Très-Haut, mais sondez vos iniquités, le mal que tant de fois vous avez commis, le bien que vous avez négligé. Plusieurs mettent toute leur dévotion en des livres, d'autres en des images, d'autres en des signes et des marques extérieures. Quelques-uns m'ont souvent dans la bouche, mais peu dans le cœur. Il en est d'autres qui, éclairés et purifiés intérieurement, ne cessent d'aspirer aux biens éternels, ont à dégoût les entretiens de la terre et ne s'assujettissent qu'à regret aux nécessités de la nature. Ceux-là entendent ce que l'esprit de vérité dit en eux. Car il leur apprend à mépriser ce qui passe, à aimer ce qui dure éternellement, à oublier le monde et à désirer le ciel, le jour et la nuit ».

5. Des merveilleux effets de l'amour divin

1. L'adepte : Je vous bénis, Père céleste, Père de Ieschouah, mon Seigneur, parce que vous avez daigné vous souvenir de moi, pauvre créature. Ô Père des miséricordes et Dieu de toute consolation, je vous rends grâce de ce que, tout indigne que j'en suis, vous voulez bien cependant quelquefois me consoler. Je vous bénis à jamais et je vous glorifie avec votre Fils unique et l'Esprit consolateur, dans les siècles des siècles. Ô Seigneur mon Dieu, saint objet de mon amour, quand vous descendrez dans mon cœur, toutes mes entrailles tressailliront de joie.

Vous êtes la gloire et la joie de mon cœur. Vous êtes mon espérance et mon refuge au jour de la tribulation.

2. Mais parce que mon amour est encore faible et ma vertu chancelante, j'ai besoin d'être fortifié et consolé par vous. Visitez-moi donc souvent et dirigez-moi par vos divines instructions. Délivrez-moi des passions mauvaises et retranchez de mon cœur toutes ces affections déréglées, afin que, guéri et purifié intérieurement, je devienne propre à vous aimer, fort pour souffrir, ferme pour persévérer.

3. C'est quelque chose de grand que l'amour et un bien au-dessus de tous les biens. Seul il rend léger ce qui est pesant et fait qu'on peut supporter avec une âme égale toutes les vicissitudes de la vie. Il porte son fardeau sans en sentir le poids et rend doux ce qu'il y a de plus amer. L'amour de Ieschouah est généreux. Il fait entreprendre de grandes choses et il excite toujours à ce qu'il y a de plus parfait. L'amour aspire à s'élever et ne se laisse arrêter par rien de terrestre. L'amour veut être libre et dégagé de toute affection du monde, afin que ses regards pénètrent jusqu'à Dieu sans obstacle, afin qu'il ne soit ni retardé par les biens, ni abattu par les maux du temps. Rien n'est plus doux que l'amour. Rien n'est plus fort, plus élevé, plus étendu, plus délicieux. Il n'est rien de plus parfait ni de meilleur au ciel et sur la terre, parce que l'amour est né de Dieu, au-dessus de toutes les créatures.

4. Celui qui aime, court, vole, il est dans la joie, il est libre et rien ne l'arrête. Il donne tout pour posséder tout et il possède tout en toutes choses, parce qu'au-dessus de toutes choses il se repose dans le seul Être souverain, de qui tout bien procède et découle. Il ne regarde pas aux dons, mais il s'élève au-dessus de tous les biens, jusqu'à Celui qui donne. L'amour souvent ne connaît point de mesure, mais, comme l'eau qui bouillonne, il déborde de toutes parts. Rien ne lui pèse, rien ne lui coûte, il tente plus qu'il ne peut, jamais il ne prétexte l'impossibilité, parce qu'il se croit tout possible et tout permis. Et à cause de cela il peut tout et il accomplit beaucoup de choses qui fatiguent et qui épuisent vainement celui qui n'aime point.

5. L'amour veille sans cesse et dans le sommeil même il ne dort point. Aucune fatigue ne le lasse, aucun lien ne l'appesantit, aucune frayeur ne le trouble; mais tel qu'une flamme vive et pénétrante, il s'élance vers le ciel et s'ouvre un sûr passage à travers tous les obstacles. Si quelqu'un aime, il entend ce que dit cette voix. L'ardeur même d'une âme embrasée

s'élève jusqu'à Dieu comme un grand cri : Mon Dieu ! Mon amour ! vous êtes tout à moi et je suis tout à vous.

6. Dilatez-moi dans l'amour afin que j'apprenne à goûter au fond de mon cœur combien il est doux d'aimer et de se fondre et de se perdre dans l'amour. Que l'amour me ravisse et m'élève au-dessus de moi-même, par la vivacité de ses transports. Que je chante le cantique de l'amour, que je vous suive, ô mon bien-aimé, jusque dans les hauteurs de votre gloire, que toutes les forces de mon âme s'épuisent à vous louer et qu'elle défaille de joie et d'amour. Que je vous aime plus que moi, que je ne m'aime moi-même que pour vous et que j'aime en vous tous ceux qui vous aiment véritablement, ainsi que l'ordonne la loi de l'amour, que nous découvrons dans votre lumière.

7. L'amour est prompt, sincère, pieux, doux, prudent, fort, patient, fidèle, constant, magnanime et il ne se recherche jamais; car dès qu'on commence à se rechercher soi-même, à l'instant on cesse d'aimer. L'amour est circonspect, humble et droit, sans mollesse, sans légèreté, il ne s'occupe point de choses vaines, il est sobre, chaste, ferme, tranquille et toujours attentif à veiller sur les sens. L'amour est obéissant et soumis aux supérieurs; il est vil et méprisable à ses yeux. Dévoué à Dieu sans réserve et toujours plein de reconnaissance, il ne cesse point de se confier en lui, d'espérer en lui, alors même qu'il semble en être délaissé, parce qu'on ne vit point sans douleur dans l'amour.

8. Qui n'est pas prêt à tout souffrir et à s'abandonner entièrement à la volonté de son bien-aimé, ne sait pas ce que c'est que d'aimer. Il faut que celui qui aime embrasse avec joie tout ce qu'il y a de plus dur et de plus amer, pour son bien-aimé et qu'aucune traverse ne le détache de lui.

6. De l'épreuve du véritable amour

1. Ieschouah : Mon fils, votre amour n'est encore ni assez fort ni assez éclairé. L'adepte : Pourquoi, Seigneur ? Ieschouah : Parce qu'à la moindre contrariété, vous laissez là l'œuvre commencée et que vous recherchez trop avidement les consolations. Celui qui aime fortement demeure ferme dans la tentation et ne cède point aux suggestions artificieuses de l'ennemi. Dans le mauvais comme dans le bon succès, son cœur est également à moi.

2. Celui dont l'amour est éclairé considère moins le don de celui qui aime que l'amour de celui qui donne. L'affection le touche plus que le bienfait et il préfère son bien-aimé à tout ce qu'il reçoit de lui. Celui qui m'aime d'un amour généreux ne se repose pas dans mes dons, mais en moi par-dessus tous mes dons. Ne croyez pas tout perdu cependant s'il vous arrive de sentir pour moi ou pour mes saints moins d'amour que vous ne voudriez. Cet amour tendre et doux que vous éprouvez quelquefois est l'effet de la présence de la grâce et une sorte d'avant-goût de la patrie céleste. Il n'y faut pas chercher trop d'appui parce qu'il passe comme il est venu. Mais combattre les mouvements déréglés de l'âme et mépriser les sollicitations du démon, c'est un grand sujet de mérite et la marque d'une solide vertu.

3. Ne vous troublez donc point des fantômes, quels qu'ils soient, qui obsèdent votre imagination. Conservez une résolution ferme et une intention droite devant Dieu. Ce n'est point une illusion si quelquefois vous êtes soudain ravi en extase et qu'aussitôt vous retombiez dans les pensées misérables qui occupent d'ordinaire votre cœur. Car vous souffrez alors plus que vous n'agissez; et tant qu'elles vous déplaisent et que vous y résistez, c'est un mérite et non pas une chute.

4. Sachez que l'antique ennemi s'efforce d'étouffer vos bons désirs et de vous éloigner de tout pieux exercice, du culte des saints, de la méditation de mes douleurs et de ma mort, du souvenir si utile de vos péchés, de l'attention de veiller sur votre cœur et du ferme propos d'avancer dans la vertu. Il vous suggère mille pensées mauvaises pour vous causer du trouble et de l'ennui, pour vous détourner de la prière et des lectures saintes. Une humble confession lui déplaît et, s'il pouvait, il vous éloignerait tout à fait de la communion. Ne le craignez point et n'ayez de lui aucune appréhension, quoiqu'il vous tende souvent des pièges pour vous surprendre. Rejetez sur lui seul les pensées criminelles et honteuses qu'il vous inspire. Dites-lui : « Va, esprit immonde! Rougis, malheureux ! Il faut que tu sois étrangement pervers pour me tenir un pareil langage. Retire-toi de moi, détestable séducteur, tu n'auras jamais en moi aucune part. Ieschouah est près de moi comme un guerrier formidable et tu es confondu. J'aime mieux mourir et souffrir tous les tourments, que de consentir à ce que tu me proposes. Tais-toi donc, ne me parle plus; ! Je ne t'écouterai pas davantage, quoi que tu fasses pour m'inquiéter. Le Seigneur est ma lumière et mon salut, que craindrais-je ?

Quand une armée se rangerait en bataille contre moi, mon cœur ne craindrait pas. Le Seigneur est mon aide et mon Rédempteur ! »

5. Combattez comme un généreux soldat et si quelquefois vous succombez par fragilité, reprenez un courage plus grand dans l'espérance d'être soutenu par une grâce plus forte. Gardez-vous surtout de la vaine complaisance et de l'orgueil. C'est ainsi que plusieurs s'égarent et tombent dans un aveuglement presque incurable. Que la chute de ces superbes qui présumaient follement d'eux-mêmes vous soit une leçon continuelle de vigilance et d'humilité.

7. Qu'il faut cacher humblement les grâces que Dieu nous fait

1. Ieschouah : Mon fils, lorsque la grâce vous inspire des mouvements de piété, il est meilleur pour vous et plus sûr de tenir cette grâce cachée, de ne vous en point élever, d'en parler peu et de ne pas vous exagérer sa grandeur. Il vaut mieux vivre humblement plutôt que de craindre une faveur dont vous êtes indigne. Il ne faut pas s'attacher trop à un sentiment qui bientôt peut se changer en un sentiment contraire. Quand la grâce vous est donnée, songez combien vous êtes pauvre et misérable sans elle. Le progrès de la vie spirituelle ne consiste pas seulement à jouir des consolations de la grâce, mais à en supporter la privation avec humilité, avec abnégation, avec patience, de sorte qu'alors on ne se relâche point dans l'exercice de la prière et qu'on n'abandonne aucune de ses pratiques accoutumées. Faites, au contraire, tout ce qui est en vous le mieux que vous pourrez, selon vos lumières et ne vous négligez pas entièrement vous-même à cause de la sécheresse et de l'angoisse que vous sentez en votre âme.

2. Car il y en a beaucoup qui, au temps de l'épreuve, tombent aussitôt dans l'impatience et le découragement. Cependant la voie de l'homme n'est pas toujours en son pouvoir. Des indiscrets se sont perdus par la grâce même de la dévotion, parce qu'ils ont voulu faire plus qu'ils ne pouvaient, ne mesurant point leur faiblesse, mais suivant plutôt l'impétuosité de leur cœur que le jugement de la raison. Et parce qu'ils ont aspiré, dans leur présomption, à un état plus élevé que celui où Dieu les voulait, ils ont promptement perdu la grâce. Ils avaient placé leur

demeure dans le ciel et tout à coup on les a vus pauvres et délaissés dans leur misère. Ceux qui sont encore nouveaux et sans expérience dans les voies de Dieu peuvent aisément s'égarer et se briser sur les écueils, s'ils ne se laissent conduire par des personnes prudentes.

3. Que s'ils veulent suivre leur sentiment plutôt que de croire à l'expérience des autres, le résultat leur en sera funeste, si toutefois ils s'obstinent dans leur propre sens. Rarement ceux qui sont sages à leurs yeux se laissent humblement conduire par les autres. Il faut être humble, sinon posséder des trésors de science ne servira à rien. Il vaut mieux pour vous avoir peu, que beaucoup dont vous pourriez vous enorgueillir. Celui-là manque de prudence qui se livre tout entier à la joie, oubliant son indigence passée et cette chaste crainte du Seigneur qui appréhende de perdre la grâce reçue. C'est aussi manquer de vertu que de se laisser aller à un découragement excessif au temps de l'adversité et de l'épreuve et d'avoir des pensées et des sentiments indignes de la confiance qu'on me doit.

4. Celui qui, durant la paix, a trop de sécurité, se trouve souvent pendant la guerre le plus timide et le plus lâche. Si ne présumant jamais de vous-même, vous saviez demeurer toujours humble, modérer et régler les mouvements de votre esprit, vous ne tomberiez pas si vite dans le péril et le péché. C'est une pratique sage que de penser, durant la ferveur, à ce qu'on sera dans la privation de la lumière. Et quand vous en êtes en effet privé, songez qu'elle peut revenir et qu'elle vous a été retirée pour un temps afin d'exciter votre vigilance. Souvent une telle épreuve vous est plus utile que si tout vous succédait constamment selon vos désirs. Car pour juger du mérite, on ne doit pas regarder si quelqu'un a beaucoup de visions ou de consolations, ou s'il est habile dans l'interprétation des textes sacrés, ou s'il occupe un rang élevé, mais s'il est affermi dans la véritable humilité et rempli de la charité divine. Il faut regarder s'il cherche en tout et toujours uniquement l'amour de son prochain, s'il est convaincu de son caractère mortel, s'il a une juste vision de ses propres faiblesses et s'il se réjouit plus d'œuvrer sincèrement pour le bien de tous que de travailler à sa propre gloire terrestre.

8. Qu'il faut reconnaître sa nature humaine devant Dieu

1. L'adepte : Je m'adresserai à Ieschouah, bien que je ne sois que cendre et poussière. Si je me crois quelque chose de plus, voilà que vous vous élevez contre moi et mes manquements rendent un témoignage vrai et que je ne puis contredire. Mais si je pratique la véritable humilité, me dépouille de toute estime pour moi-même et que je rentre dans la poussière dont j'ai été formé, votre grâce s'approchera de moi et votre lumière sera près de mon cœur. Alors tout sentiment d'estime, même le plus léger, que je pourrais concevoir de moi disparaîtra pour jamais dans l'abîme de mon néant. Là vous me montrez à moi-même, vous me faites voir ce que je suis, ce que j'ai été, jusqu'où je suis descendu, car je ne suis rien et je ne le savais pas. Si vous me laissez à moi-même, que suis-je ? Rien qu'un être de chair. Mais dès que vous jetez un regard sur moi, à l'instant je deviens fort et je suis rempli d'une joie nouvelle. Et certes cela me confond d'étonnement que vous me releviez ainsi tout d'un coup et me preniez avec tant de bonté entre vos bras, moi toujours entraîné par mon propre poids vers la terre.

2. C'est votre amour qui opère cette merveille, qui me prévient gratuitement, qui ne se lasse point de me secourir dans les nécessités, qui me préserve des plus grands périls et, à vrai dire, me délivre de maux innombrables. Car je me suis perdu en m'aimant d'un amour déréglé. Mais en vous cherchant, je vous ai trouvé et je me suis retrouvé moi-même. Ô Dieu plein de tendresse ! vous faites pour moi beaucoup plus que je ne mérite, ou plus que je n'oserais espérer ou demander.

3. Soyez loué, de ce que tout indigne que je sois de recevoir de vous aucune grâce, cependant votre bonté généreuse et infinie ne cesse de faire du bien même aux ingrats et à ceux qui sont le plus éloignés de vous. Ramenez-nous à vous, afin que nous soyons reconnaissants, humbles, fervents, parce que vous êtes notre salut, notre vertu et notre force.

9. Qu'il faut rapporter tout au souverain bien

1. Ieschouah : Mon fils, je dois être votre fin suprême et dernière, si véritablement vous désirez être heureux. Cette vue purifiera vos affections, qui s'abaissent trop souvent jusqu'à vous et aux créatures. Car

si vous vous recherchez en quelque chose, aussitôt vous tombez dans la langueur et la sécheresse. Considérez chaque bien comme découlant du souverain bien et songez que dès lors ils doivent tous y remonter comme à leur origine.

2. En moi comme dans une source intarissable, le petit et le grand, le pauvre et le riche puisent l'eau vive et ceux qui me servent volontairement et de cœur recevront grâce sur grâce. Mais celui qui cherchera sa propre gloire, ou une jouissance exclusivement terrestre, sa joie ne sera ni vraie ni solide.

3. Dissipez la vanité d'une gloire humaine. Là où pénètrent la grâce céleste et la vraie charité, il n'y a plus de place pour l'amour-propre, ni pour l'envie, qui torturent le cœur. Car l'amour divin subjugue tout et agrandit toutes les forces de l'âme.

10. Qu'il est doux de servir Dieu et de s'élever au-dessus de ce monde

1. L'adepte : Je vous parlerai encore, Seigneur et je ne me tairai point. Je dirai à mon Dieu, mon Seigneur et mon Roi, assis dans les hauteurs des cieux : « Oh ! quelle abondance de douceur vous avez réservée pour ceux qui vous aiment ». Les délices dont vous inondez ceux qui vous aiment sont vraiment ineffables, quand leur âme vous contemple. Vous m'avez montré principalement en ceci toute la tendresse de votre amour. Je n'étais pas et vous m'avez révélé la vie éternelle. J'errais loin de vous, vous m'avez ramené pour vous servir et vous m'avez conduit à vous aimer.

2. Ô source d'amour éternel, que dirai-je de vous ? Comment pourrai-je vous oublier, vous qui avez daigné vous souvenir de moi lorsque, déjà épuisé, consumé et que je penchais vers la mort ? Votre miséricorde envers votre serviteur a passé toute espérance et vous avez répandu sur lui votre grâce et votre amour bien au-delà de tout ce qu'il pouvait mériter. Que vous rendrai-je pour une telle faveur ? Car il n'est pas donné à tous de tout quitter, de renoncer au siècle pour embrasser la vie religieuse. Est-ce faire beaucoup que de vous servir, vous que doivent servir toutes les créatures ? Cela doit me sembler peu de chose. Mais ce qui me paraît grand et merveilleux, c'est que vous daigniez agréer le

service d'une créature si pauvre et si fragile et l'admettre parmi les serviteurs que vous aimez.

3. Tout ce que j'ai, tout ce que je puis consacrer à votre service est à vous. Et néanmoins, prenant pour ainsi dire ma place, vous me servez plus que moi-même je ne vous sers. Voilà que le ciel et la terre que vous avez créés pour le service de l'homme, sont devant vous et chaque jour et ils suivent votre divine loi. C'est peu encore. Vous avez préparé pour l'homme le ministère même des anges.

4. Que vous rendrai-je pour tant de biens ? Si je pouvais vous servir tous les jours de ma vie ! Si je pouvais même un seul jour vous servir dignement ! Il est bien vrai que vous êtes digne d'être servi universellement, digne de tout honneur et d'une louange éternelle. Vous êtes vraiment mon Seigneur et je suis votre humble serviteur, qui doit vous servir de toutes mes forces et ne me lasser jamais de vous louer. Je le veux ainsi, je le désire ainsi. Daignez suppléer vous-même à tout ce qui me manque.

5. C'est un grand honneur, une grande gloire de vous servir et de mépriser tout à cause de vous. Car ils recevront des grâces abondantes, ceux qui se courbent sous votre joug très saint. Ils seront abreuvés de la délectable consolation de l'Esprit-Saint, ceux qui pour votre amour auront rejeté les plaisirs des sens déréglés et vains. Ils jouiront d'une grande liberté d'esprit, ceux qui pour la gloire de votre nom seront entrés dans la voie étroite et auront renoncé à toutes les sollicitudes du monde.

6. Ô aimable et douce servitude de Dieu, dans laquelle l'homme retrouve la vraie liberté et la sainteté ! Ô saint assujettissement de la vie religieuse qui rend l'homme agréable à Dieu, égal aux anges, terrible aux démons, respectable à tous les fidèles !

11. Qu'il faut examiner et modérer les désirs du cœur

1. Ieschouah : Mon fils, il faut que vous appreniez beaucoup de choses que vous ne savez pas encore assez.

2. L'adepte : Et quoi, Seigneur ?

3. Ieschouah : Vous devez soumettre entièrement vos désirs immodérés, ne point vous aimer vous-même et rechercher en tout le monde divin.

Souvent vos désirs s'enflamment et vous emportent impétueusement, mais considérez si cette ardeur est celle qui vous élève ou bien vous abaisse. Si c'est le monde spirituel que vous avez en vue, vous serez content. Mais si quelque secrète action de vos pulsions se cache au fond de votre cœur, voilà ce qui vous abat et vous trouble.

4. Prenez donc garde de ne pas vous attacher trop à des désirs du monde sur lesquels vous n'avez point suivi mon exemple, de peur qu'ensuite vous ne veniez à vous repentir, ou que vous n'éprouviez du dégoût pour ce qui vous avait plu d'abord et que vous aviez cru le meilleur. Car tout mouvement qui paraît bon ne doit pas être aussitôt suivi. De même qu'on ne doit pas non plus céder sur-le-champ à ses répugnances. Quelquefois il est à propos de modérer le zèle le plus saint et les meilleurs désirs, de peur qu'ils ne préoccupent et ne distraient votre esprit, ou qu'en les suivant indiscrètement vous ne causiez du scandale aux autres, ou qu'enfin l'opposition que vous y trouverez ne vous jette vous-même dans le trouble et dans l'abattement.

5. Il faut aussi quelquefois user de violence et résister aux convoitises des sens avec une grande force, sans prendre garde à ce que veut la chair ou à ce qu'elle ne veut pas et travailler surtout à la soumettre à l'esprit malgré elle. Il faut la châtier et l'asservir jusqu'à ce que, prête à tout, elle ait appris à se contenter de peu, à aimer les choses simples et à ne jamais se plaindre de rien.

12. Qu'il faut s'exercer à la patience et lutter contre ses pulsions immodérées

1. L'adepte : Seigneur, je vois combien la patience m'est nécessaire, car cette vie est pleine de contradictions. Elle ne peut jamais être exempte de douleur et de conflits, quoi que je fasse pour avoir la paix.

2. Ieschouah : Oui, mon fils, mais je ne veux pas que vous cherchiez une paix telle que vous n'ayez ni tentations à vaincre, ni contrariétés à souffrir. Croyez au contraire avoir trouvé la paix lorsque vous serez exercé par beaucoup de tribulations et éprouvé par des épreuves. Si vous dites que vous ne pouvez supporter tant de souffrances, comment en supporteriez-vous de plus grandes ? De deux maux il faut choisir le moindre. Afin donc d'éviter un devenir éternel incertain, efforcez-vous

d'endurer avec patience, les maux présents. Pensez-vous que les êtres autour de vous n'ont rien ou que peu de choses à souffrir ? C'est ce que vous ne trouverez pas, même en ceux qui semblent environnés de plus de délices.

3. Mais ils ont, dites-vous, des plaisirs en abondance ! Ils suivent toutes leurs volontés et ainsi ils sentent peu le poids de leurs maux. C'est possible, mais combien cela durera-t-il ? Voilà que les riches du siècle s'évanouiront comme la fumée et il ne restera pas même un souvenir de leurs joies passées. Et durant leur vie même, ils ne s'y reposent pas sans amertume, sans ennui et sans crainte. Car souvent, là même où ils se promettaient la joie, ils rencontrent le châtiment et la douleur.

4. Oh ! Que tous ces plaisirs sont courts, qu'ils sont faux, criminels, honteux ! Et cependant des malheureux, enivrés et aveuglés, ne le comprennent point. Semblables à des animaux sans raison, ils exposent leur âme à la mort pour quelques jouissances misérables dans une vie qui va finir. Pour vous, ne suivez pas vos convoitises et considérez votre volonté. Mettez votre désir et votre cœur dans le Seigneur et il vous accordera ce que vous demandez.

5. Si vous voulez goûter une véritable joie et des consolations plus abondantes, détachez-vous des choses du monde, repoussez les faux plaisirs terrestres et je vous bénirai. Plus vous renoncerez à ce qui est illusoire et passager, plus mes bénédictions seront douces et puissantes. Mais vous ne les goûterez point sans avoir auparavant ressenti quelque tristesse, sans avoir travaillé et combattu vos pulsions déréglées. Si une mauvaise habitude vous arrête, opposez-y une meilleure. La chair murmurera, mais elle sera contenue par la ferveur de l'esprit. Les tentations vous solliciteront, mais vous les dépasserez par la ferme volonté et une prière fervente

13. Qu'il faut se libérer de notre prison de chair

1. Ieschouah : Mon fils, celui qui cherche à se soustraire à l'exemple des sages se soustrait à la grâce et celui qui veut posséder seul quelque chose perd ce qui est à tous. Quand on ne se soumet pas volontairement et de bon cœur à la vie de l'âme, c'est une marque que la chair n'est pas encore pleinement dépassée, mais que souvent elle murmure et se révolte.

Apprenez donc à fixer votre volonté à vous dépasser vous-mêmes si vous désirez vous libérer de votre enveloppe de chair. Car cette on est plus vite libéré de cette prison quand on n'a pas la guerre au-dedans de soi. L'ennemi le plus terrible et le plus dangereux pour votre âme, c'est vous, lorsque vous êtes divisé en vous-même. Il faut que vous appreniez à vous regarder sincèrement ce que vous êtes si vous voulez triompher de la chair et du sang. L'amour désordonné que vous avez encore pour vous-même, voilà ce qui vous fait craindre d'abandonner cette fausse apparence.

2. Est-ce donc cependant un si grand effort que toi, poussière et néant, tu te diriges vers Dieu ? Poussière, apprends à obéir l'humilité ! Reconnais que tu n'es que poussière et sans ton amour tu ne parviendras pas à t'élever vers le ciel. Apprends à utiliser ta volonté.

3. Enflamme-toi de zèle contre tes défauts et ne souffre pas que le moindre orgueil vive en toi. Fils du néant, qu'as-tu à te plaindre ? Considère tes faiblesses et tu sauras ce que tu as à changer. Mais ma bonté t'a épargné parce que ton âme a été précieuse devant moi. Je ne t'ai point délaissé afin que tu connaisses mon amour et que mes bienfaits ne cessent jamais d'être présents à ton cœur.

14. Qu'il faut considérer les secrets jugements de Dieu pour ne pas s'enorgueillir du bien qu'on fait

1. L'adepte : Votre regard se tourne vers moi et tous mes os tremblent d'épouvante. Mon âme est dans une profonde terreur. Effrayé, je considère que les cieux me sont à jamais inaccessibles. Si certains anges se sont rebellés contre Dieu, qui suis-je pour reconnaître le vrai ? Les étoiles sont tombées du ciel et moi, poussière, que dois-je attendre ? Des hommes dont les œuvres paraissent louables sont tombés aussi bas qu'on puisse tomber et j'ai vu ceux qui se nourrissaient du pain des anges faire leurs délices de la pâture des pourceaux.

2. Il n'est donc point de sainteté, Seigneur, si vous retirez votre main. Point de sagesse qui soit utile, si vous ne la dirigez plus. Point de force qui soit de secours, si vous cessez de la soutenir. Point de vigilance qui nous serve, si vous ne veillez vous-même pour nous. Laissés à nous-mêmes, nous enfonçons dans les flots de la génération et nous périssons.

Venez à nous et nous vivrons. Car nous sommes chancelants, mais vous nous affermissez. Nous sommes tièdes et vous nous enflammez.

3. Je dois sans cesse reconnaître ce que je suis vraiment et ne pas m'estimer alors que je ne suis que peu de choses ! Je dois reconnaître ma faiblesse devant votre exemple. Souvent je me perds comme dans un abîme et vois que je ne suis rien que néant et un pur néant ! Ô mer sans rivage, où je ne retrouve rien de moi, où je disparais comme le rien au milieu du tout ! Où donc l'orgueil se cache-t-il ? Toute vanité s'éteint dans la profondeur du divin.

4. Comment celui dont le cœur est vraiment soumis à Dieu pourrait-il s'enfler d'une louange vaine ? Le monde entier ne saurait inspirer d'orgueil à celui que la vérité a soumis à son empire et jamais il ne sera ému des applaudissements des hommes, celui dont toute l'espérance est affermie dans la sagesse. Car ceux qui parlent vainement du monde ne sont rien. Ils s'évanouiront avec le bruit de leurs paroles.

15. De ce que nous devons être et faire quand il s'élève quelque désir en nous

1. Ieschouah : Mon fils, dites en toutes choses : « Seigneur, qu'il soit ainsi, si c'est votre volonté. Seigneur, que cela se fasse en votre nom, si vous devez en être honoré ». Si vous voyez que cela me soit bon, si vous jugez que cela me soit utile, alors donnez-le-moi, afin que j'en use pour votre gloire. Mais si vous savez que cela me nuira ou ne servira point au salut de mon âme, éloignez de moi ce désir. Car tout désir ne nous élève pas, même lorsqu'il paraît bon et juste à l'homme. Il est difficile de discerner avec certitude si c'est l'esprit bon ou mauvais qui vous porte à désirer ceci ou cela, ou même votre esprit propre. Il s'est trouvé à la fin que plusieurs étaient dans l'illusion, qui semblaient d'abord être conduits par le bon esprit.

2. Ainsi, tout ce qui se présente de désirable à votre esprit, vous devez le désirer toujours et le demander avec une grande humilité de cœur et surtout avec une pleine résignation, vous abandonnant à moi sans réserve et disant : « Seigneur, vous savez ce qui est le mieux. Que ceci ou cela se fasse comme vous le voulez. Donnez ce que vous voulez, autant que vous le voulez et quand vous le voulez. Faites de moi ce qu'il

vous plaira, selon ce que vous savez être bon et pour votre plus grande gloire. Placez-moi où vous voudrez et disposez absolument de moi en toutes choses. Voilà que je suis prêt à vous servir en tout. Car je ne désire point vivre pour moi, mais pour vous seul : heureux si je le pouvais dignement et parfaitement ».

3. Prière pour demander à Dieu la grâce d'accomplir sa volonté : L'adepte : « Ô Ieschouah, accordez-moi votre grâce. Qu'elle soit en moi, qu'elle agisse avec moi et qu'elle demeure avec moi jusqu'à la fin. Faites que je désire et veuille toujours ce qui vous est le plus agréable et ce que vous aimez le plus. Que votre volonté soit la mienne et que ma volonté suive toujours la vôtre et jamais ne s'en écarte en rien. Qu'uni à vous, je ne veuille ni ne puisse vouloir que ce que vous voulez et qu'il en soit ainsi de ce que vous ne voulez pas.

4. Donnez-moi de mourir à tout ce qui est du monde et d'aimer être oublié et méprisé du siècle à cause de vous. Faites que je me repose en vous par-dessus tout ce qu'on peut désirer et que mon cœur ne recherche sa paix qu'en vous. Vous êtes la véritable paix du cœur, son unique repos. Hors de vous, tout pèse et inquiète. Dans cette paix, c'est-à-dire en vous seul, éternel et souverain bien, je dormirai et je me reposerai ! Qu'il en soit ainsi !

16. Qu'on ne doit chercher qu'en Dieu la vraie consolation

1. L'adepte : Tout ce que je puis désirer ou imaginer pour ma consolation, je ne l'attends point ici, mais dans le secret de mon âme. Quand je posséderais seul tous les biens du monde, quand je jouirais seul de tous ses délices, il est certain que tout cela ne durerait pas longtemps. Ainsi, mon âme, tu ne peux y trouver de soulagement véritable. Attends un peu, mon âme et tu posséderas dans le ciel tous les biens en abondance. Si tu recherches trop avidement les biens présents, tu perdras les biens éternels et célestes. Use des uns et désire les autres. Aucun bien temporel ne saurait te rassasier parce que tu n'as point été créée pour en jouir.

2. Quand tu posséderais tous les biens créés, ils ne pourraient te rendre heureux, car ta félicité est celle du royaume de l'esprit. Ce n'est pas le

bonheur qu'aiment les amis insensés du monde, mais tel que l'attendent les vrais serviteurs de Ieschouah et tel que le goûtent quelquefois par avance les âmes pieuses et les cœurs purs, dont l'entretien est dans le ciel. Toute consolation humaine est vide et dure peu. La vraie, la douce consolation est celle que la vérité fait sentir intérieurement. L'homme pieux porte avec lui partout Ieschouah, son consolateur et lui dit : « Seigneur, soyez près de moi en tout temps et en tout lieu ».

17. Qu'il faut reconnaître la vraie nature de nos épreuves

1. Ieschouah : Mon fils, laissez-moi agir avec vous. Vos pensées sont celles de l'homme et vos sentiments sont, en beaucoup de choses, conformes aux penchants de son cœur.

2. L'adepte : Il est vrai, Seigneur; vous prenez de moi beaucoup plus de soin que je n'en puis prendre moi-même. Il est menacé d'une prompte chute, celui qui oublie de s'appuyez sur vous. Pourvu, Seigneur, que ma volonté demeure droite et que mon âme s'affirme et se prépare à vous rencontrer. Aidez-moi à quitter les ténèbres et à m'élever vers la lumière divine qui vous entoure. Que mes épreuves soient une occasion de renforcer ma volonté et découvrir quelles sont les réelles valeurs.

3. Ieschouah : Mon fils, c'est ainsi que vous devez être, si vous ne voulez pas vous détournez du monde divin. Il faut que vous soyez préparé aux épreuves autant qu'à la joie, au dénuement et à la pauvreté autant qu'aux richesses et à l'abondance.

4. L'adepte : Seigneur, je veux vous rendre grâce de tout ce qui m'arrive car c'est ainsi que je pourrais m'avancer vers la sagesse. Préservez-moi des chutes et aidez-moi à traverser cette vie avec succès. Ainsi je ne craindrai pas de disparaître au dernier jour.

19. De la souffrance et de la véritable humilité

1. Ieschouah : Cessez de vous plaindre, en considérant vos souffrances. Ce que vous souffrez est peu en comparaison de ce qu'on souffert tant d'autres, qui ont été éprouvés et exercés par de si fortes tentations, par

des tribulations si pesantes. Rappelez donc à votre esprit les peines extrêmes des autres, afin d'en supporter paisiblement de plus légères. Que si elles ne vous paraissent pas légères, prenez garde que cela ne vienne de votre impatience. Cependant, grandes ou petites, efforcez-vous de les souffrir patiemment.

2. Vous montrerez ainsi plus de sagesse et gagnerez une plus grande force. La ferme résolution et humilité vous rendront même la souffrance moins dure. Ne dites pas : Je ne puis supporter cela d'un tel homme, ce sont des offenses qu'on n'endure point. Il m'a fait un très grand tort et il me reproche des choses auxquelles je n'ai jamais pensé; mais d'un autre je le souffrirais avec moins de peine et comme je croirais devoir le souffrir. Ce discours est insensé; car au lieu de considérer la vertu de patience et ce qui doit la couronner, c'est regarder seulement à l'injure et à la personne de qui on l'a reçue.

3. Soyez donc prêt au combat si vous voulez remporter la victoire. On ne peut obtenir sans combat la couronne de la patience et refuser de combattre, c'est refusé d'être couronné. Si vous désirez la couronne, combattez courageusement, souffrez avec patience. On ne parvient pas au repos sans travail, ni sans combat à la victoire.

4. L'adepte : Seigneur, que ce qui paraît impossible à la nature me devienne possible par votre grâce. J'ai, vous le savez, peu de force pour souffrir et la moindre adversité souvent m'abat aussitôt.

20. De l'aveu de sa faiblesse et des difficultés de cette vie

1. L'adepte : Je reconnais ma faiblesse. Souvent un rien m'abat et me jette dans la tristesse. Je me propose d'agir avec force, mais à la moindre tentation qui survient, je tombe dans une grande angoisse. Souvent c'est la plus petite chose et la plus méprisable qui me cause une violente tentation. Et quand je ne sens rien en moi-même et que je me crois un peu en sûreté, je me trouve quelquefois abattu par un léger souffle.

2. Voyez donc, Seigneur, ma fragilité, que tout manifeste à vos yeux. Ayez pitié de moi et retirez-moi de la boue, de crainte que je n'y demeure à jamais enfoncé. Ce qui souvent fait ma peine et ma confusion devant vous, c'est de tomber si aisément et d'être si faible contre mes passions.

Bien qu'elles ne parviennent pas à m'arracher un plein consentement, leurs sollicitations me fatiguent et me pèsent et ce m'est un grand ennui de vivre toujours ainsi en guerre. Je connais surtout en ceci mon infirmité, que les plus horribles imaginations s'emparent de mon esprit bien plus facilement qu'elles n'en sortent.

3. Daignez jeter un regard sur moi et soyez près de moi pour m'aider en tout ce que j'entreprends. Remplissez-moi d'une force toute céleste de peur que mon corps qui n'est pas encore entièrement soumis à l'esprit, ne prévale et ne domine. Hélas ! Qu'est-ce que cette vie, assiégée de toutes parts de tribulations et de peines, environnée de pièges et d'ennemis ! Est-on délivré d'une affliction ou d'une tentation, une autre lui succède et l'on combat même encore la première, que d'autres surviennent inopinément.

4. Comment peut-on aimer une vie remplie de tant d'amertume, sujette à tant de maux et de calamités ? Comment peut-on même appeler vie ce qui engendre tant de douleurs et tant de morts ? Et cependant on l'aime et plusieurs y cherchent leur félicité. On reproche souvent au monde d'être trompeur et vain et toutefois on le quitte difficilement parce qu'on est encore dominé par les convoitises de la chair. Certaines choses nous inclinent à aimer le monde, d'autres à le mépriser. Le désir de la chair, le désir des yeux et l'orgueil de la vie inspirent l'amour du monde. Mais les peines et les misères qui les suivent justement produisent la haine et le dégoût du monde.

5. Mais hélas, le plaisir mauvais triomphe de l'âme livrée au monde. Elle se repose avec délices dans l'esclavage des sens parce qu'elle ne connaît pas et n'a point goûté les suavités célestes ni le charme intérieur de la vertu. Mais ceux qui, méprisant le monde parfaitement, s'efforcent de vivre pour Dieu sous une sainte discipline, n'ignorent point les divines douceurs promises au vrai renoncement et voient avec clarté combien le monde, abusé par des illusions diverses, s'égare dangereusement.

21. Qu'il faut établir son repos en Dieu, plutôt que dans des choses périssables

1. L'adepte : En tout et par-dessus tout, repose-toi en Dieu, ô mon âme, parce qu'il est le repos éternel des sages. Aimable et doux Ieschouah,

donnez-moi de me reposer en vous plus qu'en toutes les créatures; plus que dans la santé, la beauté, les honneurs et la gloire; plus que dans toute puissance et dans toute dignité; plus que dans la science, l'esprit, les richesses, les arts; plus que dans les plaisirs et la joie, la renommée et la louange, les consolations et les douceurs, l'espérance et les promesses; plus qu'en tout mérite et en tout désir; plus même que dans vos dons et toutes les récompenses que vous pouvez nous prodiguer; plus que dans l'allégresse et dans les transports que l'âme peut concevoir et sentir; plus enfin que dans les anges et dans les archanges et dans toute l'armée des cieux; plus qu'en toutes les choses visibles et invisibles, plus qu'en tout ce qui n'est pas vous, ô mon Dieu !

2. Car vous êtes infiniment bon, très haut, très puissant; vous possédez et vous donnez tout, vous nous consolez par vos douceurs inexprimables; vous êtes toute beauté, tout amour; votre gloire s'élève au-dessus de toute gloire et votre grandeur au-dessus de toute grandeur. La perfection de tous les biens ensemble est en vous, Seigneur mon Dieu, y a toujours été et y sera toujours. Ainsi, tout ce que vous me donnez hors de vous, tout ce que vous me découvrez de vous-même, tout ce que vous m'en promettez est trop peu et ne me suffit pas, si je ne vous vois, si je ne vous possède pleinement. Car mon cœur ne peut avoir de vrai repos ni être entièrement rassasié jusqu'à ce que, s'élevant au-dessus de tous vos dons et de toute créature, il se repose dans votre royaume.

3. Soutien de mon âme, ô Ieschouah, Roi de toutes les créatures, qui me délivrera de mes liens, qui me donnera des ailes pour m'élever vers votre présence ? Oh ! Quand serai-je assez dégagé de la terre pour me présenter devant vous et partager votre paix ? Maintenant, je ne sais que me plaindre et contempler mes limites. Car en cette vallée de larmes, il se rencontre bien des maux, qui me troublent, m'affligent et couvrent mon âme comme d'un nuage. Souvent ils me fatiguent, me retardent, s'emparent de moi, m'arrêtent et m'ôtant près de vous un libre accès, ils me privent de ces délicieux embrassements dont jouissent toujours et sans obstacle les célestes esprits. Soyez touché de mes soupirs et de ma désolation sur la terre !

4. Ô Ieschouah, splendeur de l'éternelle gloire, consolateur de l'âme exilée, ma bouche est muette devant vous et mon silence vous parle. Combien de temps devrais-je attendre pour m'élever vers vous ? Venez,

venez, car sans vous, tous les jours, toutes les heures s'écoulent dans la tristesse, parce que vous êtes ma joie et que vous pouvez remplir le vide de mon cœur. Je suis oppressé de misère et comme un prisonnier chargé de fers, jusqu'à ce que, me ranimant par la lumière de votre présence, vous me rendiez la liberté et jetiez sur moi un regard de compassion.

5. Que d'autres cherchent, au lieu de vous, tout ce qu'ils voudront. Pour moi, rien ne me plaît ni ne me plaira jamais qu'œuvrer pour l'élévation de mon âme. C'est là mon espérance et mon salut éternel ! Je ne me tairai point, je ne cesserai point de prier jusqu'à ce que cet état se réalise et que vous me parliez intérieurement.

6. Ieschouah : Me voici, je viens à vous parce que vous m'avez invoqué. Vos larmes et le désir de votre âme, le brisement de votre cœur m'ont fléchi et ramené à vous.

7. L'adepte : C'est vous qui m'avez incité le premier à vous chercher. Soyez donc béni, Seigneur, d'avoir usé de cette bonté envers moi selon votre infinie miséricorde. Que puis-je dire encore et que me reste-t-il à faire sinon m'incliner profondément en votre présence, plein du souvenir de mon néant ? Car il n'est rien de semblable à vous dans tout ce que le ciel et la terre renferment de plus merveilleux. Vos œuvres sont parfaites, vos jugements véritables et l'univers est régi par votre providence. Louange donc et gloire à vous, ô sagesse du Père ! Que mon âme, que ma bouche, que toutes les créatures ensemble vous louent et vous bénissent à jamais.

22. Du souvenir des bienfaits de Dieu

1. L'adepte : Seigneur ! Ouvrez mon cœur et enseignez-moi à marcher dans la voie sacrée du retour vers votre royaume. Faites que je connaisse votre volonté et que je rappelle dans mon souvenir, avec un grand respect et une sérieuse attention, tous vos bienfaits, afin de vous en rendre de dignes actions de grâces. Je sais cependant et je confesse que je ne puis reconnaître dignement la moindre de vos faveurs. Je suis au-dessous de tous les biens que vous m'avez accordés et quand je considère votre élévation infinie, mon esprit s'abîme dans votre grandeur.

2. Tout ce que nous avons en nous, dans notre corps, dans notre âme, tout ce que nous possédons et au-dedans et au-dehors, dans l'ordre de

la grâce ou de la nature, c'est vous qui nous l'avez donné. Vos bienfaits nous rappellent sans cesse votre bonté, votre tendresse, l'immense libéralité dont vous usez envers nous, vous de qui viennent tous les biens. Car tout vient de vous, quoique l'un reçoive plus, l'autre moins et sans vous nous serions à jamais privés de tout bien. Celui qui a reçu davantage ne peut se glorifier de son mérite, ni s'élever au-dessus des autres, ni insulter celui qui a moins reçu car celui-là est le meilleur et le plus grand, qui s'attribue le moins et qui rend grâces avec plus de ferveur et d'humilité. Et celui qui se croit le plus vil et le plus indigne de tous est le plus propre à recevoir de grands dons.

3. Celui qui a moins reçu ne doit pas s'affliger mais plutôt louer de toute son âme votre bonté, toujours prête à répandre ses dons si abondamment, si gratuitement, sans acception de personnes. Vous savez ce qu'il convient de donner à chacun, pourquoi celui-ci reçoit plus, cet autre moins et ce n'est pas à nous qu'appartient ce discernement, mais à vous qui pesez tous les mérites.

4. C'est pourquoi, Seigneur mon Dieu, je regarde comme une grâce singulière que vous m'ayez accordé des dons qui paraissent au-dehors et qui attirent les louanges et l'admiration des hommes.

5. Rien ne doit causer tant de joie à celui qui vous aime et qui connaît le prix de vos bienfaits, que l'accomplissement de votre volonté et de vos desseins éternels sur lui. Il doit y trouver un contentement, une consolation telle, qu'il consente aussi volontiers à être humble, tranquille et satisfait de ce qu'il est. Car votre volonté et le zèle de votre gloire doivent être pour lui au-dessus de tout et lui plaire et le consoler plus que tous les dons que vous lui avez faits et que vous pouvez lui faire encore.

23. De quatre choses importantes pour conserver la paix

1. Ieschouah : Mon fils, je vous enseignerai maintenant la voie de la paix et de la vraie liberté.

2. L'adepte : Faites, Seigneur, ce que vous dites, car il m'est doux de vous entendre.

3. Ieschouah : Appliquez-vous, mon fils, à faire suivre la voix de votre conscience en vous élevant vers le divin. Apprenez à vous contenter de ce qui vous est nécessaire. Pratiquez toujours la véritable humilité. Désirez toujours et priez que la volonté divine s'accomplisse parfaitement en vous. Celui qui agit ainsi est dans la voie de la paix et du repos.

4. L'adepte : Seigneur, ces courts préceptes renferment une grande perfection. Ils contiennent peu de paroles, mais elles sont pleines de sens et abondantes en fruits. Si j'étais fidèle à les observer, je ne tomberais pas si aisément dans le trouble. Car toutes les fois qu'il m'arrive de perdre le calme et la paix, je reconnais que je me suis écarté de ces maximes. Mais vous qui pouvez tout et qui désirez toujours le progrès des âmes, augmentez en moi votre grâce, afin qu'en obéissant à ce que vous commandez, je puisse accomplir mon salut.

5. Prière pour surmonter les faiblesses. Seigneur mon Dieu, ne vous éloignez pas de moi. Mon Dieu, hâtez-vous de me soutenir, car une foule de pensées diverses m'ont assailli et de grandes craintes agitent mon âme. Comment traverserai-je tant d'épreuves sans recevoir de blessures ? Comment les renverserai-je ?

6. Seigneur, puissent toutes les pensées mauvaises fuirent devant vous. Mon unique espérance, ma seule consolation dans les maux qui me pressent est de recevoir votre assistance, de vous invoquer du fond de mon cœur, d'attendre avec patience votre secours, alors que j'agis avec courage.

7. Prière pour demander à Dieu la lumière. Éclairez-moi intérieurement, ô Ieschouah ! Faites luire votre lumière dans mon cœur et dissipez les ténèbres. Arrêtez mon esprit qui s'égare et brisez la violence des tentations qui me pressent. Déployez pour moi votre bras et domptez ces bêtes furieuses, ces convoitises dévorantes, afin que je trouve la paix dans votre force et que sans cesse vos louanges retentissent dans votre sanctuaire, dans une conscience pure. Commandez aux vents et aux tempêtes. Dites à la mer : Apaise-toi; à l'aquilon : Ne souffle point et il se fera un grand calme.

8. Envoyez votre lumière et votre vérité pour qu'elles luisent sur la terre. Car je ne suis fait que de chair et le monde dans lequel je vis est ténébreux jusqu'à ce que vous m'éclairiez. Répandez votre grâce d'en haut, versez

sur mon cœur la rosée céleste et épanchez sur cette terre aride les eaux fécondes de la piété, afin qu'elle produise des fruits bons et salutaires. Relevez mon âme qui se courbe sous le poids de ses péchés et transportez tous mes désirs au ciel, afin qu'ayant trempé mes lèvres à la source des biens éternels, je ne puisse plus sans dégoût penser aux choses de la terre.

9. Enlevez-moi, détachez-moi de tous les plaisirs illusoires, car nul objet de ce monde ne peut satisfaire ni rassasier pleinement mon cœur. Élevez-moi vers votre demeure, car c'est ainsi que je pourrai quitter ce monde de souffrances.

24. Qu'il ne faut pas s'enquérir curieusement de la conduite des autres

1. Ieschouah : Mon fils, réprimez en vous la curiosité et ne vous troublez point de vaines sollicitudes. Que vous importe ceci ou cela ? Que vous fait ce qu'est celui-ci, comment parle ou agit celui-là ? Vous n'avez point à répondre des autres, mais vous répondrez pour vous-même. De quoi vous inquiétez-vous ? Je connais tous les hommes. Je vois tout ce qui se passe sous le soleil. Je sais ce qu'il en est de chacun, ce qu'il pense, ce qu'il veut et où tendent ses vues. C'est donc à moi qu'on ne peut rien cacher. Pour vous, demeurez en paix et laissez ceux qui s'agitent, s'agiter tant qu'ils voudront. Tout ce qu'ils feront, tout ce qu'ils diront viendra sur eux, car ils ne peuvent me tromper.

2. Ne poursuivez pas cette ombre qu'on appelle un grand nom. Ne désirez ni de nombreuses liaisons, ni l'amitié particulière d'aucun homme. Car tout cela dissipe l'esprit et obscurcit étrangement le cœur. Je me plairais à vous faire entendre ma parole et à vous révéler mes secrets si vous étiez, quand je viens à vous, toujours attentif et prêt à m'ouvrir la porte de votre cœur. Songez à l'avenir, veillez, priez sans cesse et humiliez-vous en toutes choses.

25. En quoi consiste la vraie paix et le véritable progrès de l'âme

1. Ieschouah : Mon fils, j'ai dit : « Je vous laisse la paix, je vous donne ma paix, non comme le monde la donne ». Tous désirent la paix, mais tous ne cherchent pas ce qui procure une paix véritable. Ma paix est avec ceux qui sont doux et humbles de cœur. Votre paix sera dans une grande patience. Si vous m'écoutez et si vous obéissez à ma parole, vous jouirez d'une profonde paix.

2. L'adepte : Seigneur, que ferai-je donc ?

3. Ieschouah : En toutes choses, veillez à ce que vous faites et à ce que vous dites. N'ayez d'autre intention que celle de pratiquer la charité et de servir Dieu avec humilité. Ne désirez rien d'autre. Ne jugez point témérairement des paroles ou des actions des autres. Ne vous ingérez point dans ce qui ne vous concerne pas, alors vous serez peu ou rarement troublé. Mais ne sentir jamais aucun trouble, n'éprouver aucune peine de cœur, aucune souffrance du corps, cela n'est pas de la vie présente. C'est l'état de l'éternel repos. Ne croyez donc pas avoir trouvé la véritable paix, lorsqu'il ne vous arrive aucune contrariété, ni que tout soit bien, quand vous n'essuyez d'opposition de personne, ni que votre bonheur soit parfait, lorsque tout réussit selon vos désirs. Gardez-vous aussi de concevoir une haute idée de vous-même et d'imaginer que Dieu vous chérit particulièrement, si vous sentez votre cœur rempli d'une piété tendre et douce. Ce n'est pas en cela qu'on reconnaît celui qui aime vraiment la vertu, ni en cela que consiste le progrès de l'homme et sa perfection.

4. L'adepte : En quoi donc, Seigneur ?

5. Ieschouah : A comprendre la raison de votre venue en ce monde, à accomplir votre mission en cette vie pour le bonheur des êtres et votre croissance spirituelle dans le respect du Dieu d'amour. Ne vous attachez pas aux choses périssables de ce monde. Il faut encore que vous soyez si ferme, si constant dans la pratique des vertus, que même privé intérieurement de toute consolation, vous continuiez à agir sans relâche. Alors vous marcherez dans la voie droite, dans la véritable voie de la paix et vous pourrez avec assurance espérer de rejoindre avec gloire les demeures célestes. Que si vous parvenez à un tel détachement de cette

prison corporelle, vous jouirez d'une paix aussi profonde qu'il est possible en cette vie d'exil.

26. De la liberté du cœur, qui s'acquiert plutôt par la prière que par la lecture

1. L'adepte : Seigneur, c'est une haute perfection de ne jamais détourner des choses du ciel les regards de son cœur, de passer au milieu du monde sans s'y attacher, par le privilège d'une âme libre, qu'aucune affection déréglée n'attache au corps.

2. Je vous en conjure, ô Dieu de bonté ! Délivrez-moi des faiblesses de cette vie, de peur qu'elles ne retardent ma course; des nécessités du corps, de peur que la volupté ne m'emprisonne; de tout ce qui arrête et trouble l'âme, de peur que l'affliction ne me brise et ne m'abatte. Je ne parle point des choses que la vanité humaine recherche avec tant d'ardeur, mais de ces misères qui tourmentent et appesantissent notre âme et nous empêchent de jouir autant que nous voudrions de la liberté de l'esprit.

3. Ô mon Dieu ! Aidez-moi à vaincre la chair et le sang, trompé par le monde et la gloire qui passe afin que je ne sois pas trompé par les passions. Donnez-moi la force pour résister, le courage pour supporter la souffrance, la constance pour persévérer. Donnez-moi, au lieu de toutes les consolations du monde, la délicieuse onction de votre esprit et qu'ainsi je puisse m'élever vers le divin.

4. Faites que j'use des plaisirs du monde avec modération et que je ne les recherche point avec trop de désir. Les rejeter tous, cela n'est pas permis, parce qu'il faut soutenir la nature. Mais puissè-je éviter ce qui ne sert qu'à flatter les sens. Que votre main, Seigneur, me conduise entre ces deux extrêmes, afin qu'instruit par vous je me préserve de tout excès.

27. Que l'amour de soi est le plus grand obstacle qui empêche l'homme de parvenir au souverain bien

1. Ieschouah : Il faut, mon fils, que vous vous donniez tout entier pour posséder tout et que rien en vous ne soit à vous-même. Sachez que

l'amour de vous-même vous nuit plus qu'aucune chose du monde. On tient à chaque chose plus ou moins, selon la nature de l'affection, de l'amour qu'on a pour elle. Si votre amour est pur, simple et bien réglé, vous ne serez esclave d'aucune chose. Ne désirez point ce qu'il ne vous est pas permis d'avoir. Renoncez à ce qui occupe trop votre âme et la prive de sa liberté.

2. Pourquoi vous consumer d'une vaine tristesse ? Pourquoi vous fatiguer de soins superflus ? Soyez guidé par votre âme, par mon exemple et rien ne pourra vous nuire. Si vous cherchez ceci ou cela, si vous voulez être ici ou là, sans autre objet que de vous satisfaire ou de vivre plus selon votre gré, vous n'aurez jamais de repos et jamais vous ne serez jamais en paix, parce qu'en tout vous trouverez quelque chose qui vous blesse et partout quelqu'un qui vous contrarie.

3. A quoi sert donc de posséder et d'accumuler beaucoup de choses au-dehors ? Ce qui sert, c'est de ne pas s'y attacher et de les déraciner de son cœur. Il ne s'agit pas uniquement de l'argent et des richesses, mais encore de la poursuite des honneurs et du désir des vaines louanges, toutes choses qui passent avec le monde. Nul lieu n'est un sûr refuge si l'on manque de l'esprit de ferveur et cette paix qu'on cherche au-dehors ne durera guère sans vous attacher à votre âme. Vous changerez et ne serez pas mieux. Car entraîné par l'occasion qui naîtra, vous trouverez ce que vous aurez fui et pis encore.

4. Prière pour obtenir la pureté du cœur et la sagesse céleste. L'adepte : Soutenez-moi, Seigneur, par la grâce de l'Esprit-Saint. Fortifiez-moi intérieurement de votre vertu, afin que je bannisse de mon cœur toutes les sollicitudes vaines qui le tourmentent et que je ne sois emporté par le désir d'aucune chose précieuse ou méprisable, mais plutôt qu'appréciant toutes choses telles qu'elles sont, je voie qu'elles passent et que je passerai aussi avec elles : Car il n'y a rien de stable sous le soleil; et tout est vanité et affliction d'esprit. Oh ! qu'il est sage, celui qui juge ainsi !

5. Donnez-moi, Seigneur, la sagesse céleste, afin que j'apprenne à vous chercher, à vous trouver, à vous aimer par-dessus tout et à ne compter tout le reste que pour ce qu'il est, selon l'ordre de votre sagesse. Donnez-moi la prudence pour m'éloigner de ceux qui me flattent et la patience pour supporter ceux qui s'élèvent contre moi. Car c'est une grande sagesse de ne se point laisser agiter à tout vent de paroles et de ne point

prêter l'oreille aux perfides discours des flatteurs. C'est ainsi qu'on avance sûrement dans la voie où l'on est entré.

28. Qu'il faut mépriser les jugements humains

1. Ieschouah : Mon fils, ne vous offensez point si quelques-uns pensent mal de vous et disent des choses qu'il vous est pénible d'entendre. Vous devez vous voir tel que vous êtes. Si vous êtes retiré en vous-même, que vous importeront les paroles qui se dissipent en l'air ? Ce n'est pas une prudence médiocre que de savoir se taire au temps mauvais et de se tourner vers soi intérieurement, sans se troubler des jugements humains.

2. Que votre paix ne dépende point des discours des hommes car, qu'ils jugent de vous bien ou mal, vous n'en demeurez pas moins ce que vous êtes. Où est la véritable paix et la gloire véritable ? N'est-ce pas dans la vie de l'esprit et le devenir de l'âme ? Celui qui ne désire point de plaire aux hommes et qui ne craint point de leur déplaire, jouira d'une grande paix. De l'amour déréglé et des vaines craintes naissent l'inquiétude du cœur et la dissipation des sens.

29. Comment il faut invoquer et bénir Dieu dans l'affliction

1. L'adepte : Que votre nom soit béni à jamais, Seigneur, alors que je suis dans la peine et l'épreuve. Seigneur, voilà que je suis dans la tribulation. Mon cœur malade est tourmenté par la passion qui le presse. Et maintenant que dirai-je ? Ô Père plein de tendresse ! Les angoisses m'ont environné. Délivrez-moi de cette heure. Mais cette heure est venue et je saurai la surmonter avec votre assistance. Daignez, Seigneur, me secourir, car pauvre créature que je suis, que puis-je faire et où irais-je sans votre soutien ? Seigneur, donnez-moi la patience encore cette fois. Soutenez-moi, mon Dieu et je ne craindrai point, quelque pesante que soit cette épreuve.

2. Et maintenant que dirai-je encore ? Il faut donc que je supporte ce que je vis avec patience, jusqu'à ce que la tempête passe et que le calme revienne. Puissè-je ne pas m'abandonner au désespoir et conserver cette confiance en un lendemain meilleur.

31. Qu'il faut oublier toutes les créatures pour trouver le Créateur

1. L'adepte : Seigneur, j'ai besoin d'une grâce plus grande, s'il me faut parvenir à cet état séparé du monde. Car, tant que quelque chose m'arrête, je ne puis m'élever librement vers vous. Quel repos plus profond que le repos de l'homme qui a d'abord le monde céleste en vue ? Quoi de plus libre que celui qui n'est pas soumis au dictat des désirs terrestres ? Il faut donc s'élever au-dessus de toutes les créatures, se détacher parfaitement de soi-même, sortir de son esprit, monter plus haut et là reconnaître la nature de Dieu. Tandis qu'on tient encore à quelque créature, on ne saurait s'occuper librement des choses de Dieu. Et c'est pourquoi l'on trouve peu de contemplatifs, parce que peu savent se séparer entièrement des créatures et des choses périssables.

2. Il faut pour cela une grâce puissante qui soulève l'âme et la ravisse au-dessus d'elle-même. Et tant que l'homme n'est pas élevé ainsi en esprit, détaché de toute créature et parfaitement uni à Dieu ne serait-ce que quelques instants, tout ce qu'il sait et tout ce qu'il a est de bien peu de prix. Il sera longtemps faible et incliné vers la terre, celui qui estime quelque chose hors de l'unique, de l'immense, de l'éternel bien. Tout ce qui n'est pas utile aux autres et ne nous aide pas à nous élever vers le divin n'est rien et ne doit être compté pour rien. Il y a une grande différence entre un sage et un érudit. Il faut que la science s'unisse à la sagesse et l'humilité pour être digne de notre nature.

3. Plusieurs désirent s'élever à la contemplation, mais ce qu'il faut pour cela, ils ne le veulent point faire. Le grand obstacle est qu'on s'arrête à ce qu'il y a d'extérieur et de sensible et que l'on s'occupe peu de notre âme. Je ne sais ce que c'est, ni quel esprit nous conduit, ni ce que nous prétendons, nous qu'on regarde comme des hommes tout spirituels, de poursuivre avec tant de travail et de souci des choses viles et passagères, lorsque si rarement nous nous recueillons pour penser sans aucune distraction à notre état intérieur.

4. Hélas ! A peine sommes-nous rentrés en nous-mêmes que nous nous hâtons d'en sortir, sans jamais sérieusement examiner nos œuvres. Nous ne considérons point jusqu'où descendent nos affections et nous ne gémissons point de ce que tout en nous est impur. Quand nos affections intérieures sont corrompues, elles corrompent nécessairement nos

actions et dévoilent ainsi toute la faiblesse de notre âme. Les fruits d'une bonne vie ne croissent que dans un cœur pur.

5. On demande d'un homme : Qu'a-t-il fait ? Mais s'il l'a fait par vertu, c'est à quoi l'on regarde bien moins. On veut savoir s'il a du courage, des richesses, de la beauté, de la science, s'il écrit ou s'il chante bien, s'il est habile dans sa profession; mais on ne s'informe guère s'il est humble, doux, patient, pieux, intérieur. La nature ne considère que le dehors de l'homme alors que nous devons considérer qui il est.

32. De l'abnégation de soi-même

1. Ieschouah : Mon fils, vous ne pouvez jouir d'une liberté parfaite si vous ne découvrez pas l'humilité et l'abnégation. Ils vivent en servitude tous ceux qui s'aiment eux-mêmes. On les voit avides, curieux, inquiets, cherchant toujours ce qui flatte leurs sens, se repaître d'illusions et former mille projets qui se dissipent. Car tout ce qui ne vient pas de l'esprit et de l'âme périra. Retenez bien cette courte et profonde parole : « Quittez tout et vous trouverez tout ». Renoncez à vos désirs déréglés et vous goûterez le repos. Méditez ce précepte et quand vous l'aurez accompli, vous saurez tout.

2. L'adepte : Seigneur, ce n'est pas l'œuvre d'un jour, ni un jeu d'enfants. Cette courte maxime renferme toute la perfection religieuse.

3. Ieschouah : Mon fils, vous ne devez point vous rebuter ni perdre courage lorsqu'on vous montre la voix des parfaits, mais plutôt vous efforcer de parvenir à cet état sublime, ou au moins y aspirer de tous vos désirs. Ah ! S'il en était ainsi de vous ! Si vous en étiez venu jusqu'à ne plus vous aimer vous-même, soumis sans réserve à l'amour du divin, alors j'arrêterais sur vous mes regards avec complaisance et tous vos jours passeraient dans la paix et dans la joie. Il vous reste encore bien des choses à quitter et à moins que vous n'y renonciez entièrement, vous n'obtiendrez point ce que vous demandez. Écoutez mes conseils et, pour acquérir de vraies richesses, achetez de moi l'or éprouvé par le feu, c'est-à-dire la sagesse céleste qui foule aux pieds toutes les choses d'ici-bas.

4. On regarde comme petite et vile et l'on oublie presque entièrement cette sagesse du ciel, la seule vraie, qui ne s'élève point en elle-même et

qui ne cherche point à être admirée sur la terre. Plusieurs ont ses louanges à la bouche : mais ils s'éloignent d'elle par leur vie. C'est cependant cette perle précieuse qui est cachée au plus grand nombre.

33. De l'inconstance du cœur et que nous devons diriger notre regard vers Ieschouah

1. Mon fils, ne vous reposez point sur ce que vous sentez en vous. Maintenant vous êtes affecté d'une certaine manière, vous le serez d'une autre le moment d'après. Tant que vous vivrez, vous serez sujet au changement, même malgré vous; tour à tour triste et gai, tranquille et inquiet, fervent et tiède; tantôt actif, tantôt paresseux, tantôt grave, tantôt léger. Mais l'homme sage et instruit dans les voies spirituelles s'élève au-dessus de ces vicissitudes. Il ne considère point ce qu'il éprouve en soi, ni de quel côté l'incline le vent de l'inconstance; mais il arrête toute son attention sur la fin bienheureuse à laquelle il doit tendre. C'est ainsi qu'au milieu de tant de mouvements divers, fixant sur moi ses regards, il demeure inébranlable.

2. Plus l'œil de l'âme est pur et son intention droite, moins on est agité par les tempêtes. Mais cet œil s'obscurcit en plusieurs, parce qu'il se tourne vers chaque objet agréable qui se présente. Car il est rare de trouver quelqu'un tout à fait exempt de la honteuse recherche de soi-même. Il faut donc purifier l'intention afin que, simple et droite, elle se dirige vers moi, sans s'arrêter aux objets inférieurs.

34. Que Dieu dissipe nos ténèbres lorsque nous plaçons notre confiance en lui

1. L'adepte : Voilà mon Dieu et mon tout ! Que voudrai-je de plus ? Quelle plus grande félicité puis-je désirer ? Ô ravissante parole ! mais pour celui qui aime Ieschouah et non pas le monde déréglé est le bonheur et la paix. Vous présent, tout est délectable. En votre absence, tout devient amer. Vous donnez au cœur le repos et une profonde paix et une joie inénarrable. Vous faites que, content de tout, on vous bénit de tout. Au contraire, rien sans vous ne peut plaire longtemps et rien n'a

d'attrait ni de douceur sans l'impression de votre grâce et l'onction de votre sagesse.

2. Que ne goûtera point celui qui vous goûte et que trouvera d'agréable celui qui ne vous goûte point ? Les sages du monde, qui n'ont de goût que pour les voluptés de la chair, s'évanouissent dans leur sagesse, car on ne trouve là qu'un vide immense, que la mort. Mais ceux qui, pour vous suivre, se détournent du monde et de la chair, se montrent vraiment sages, car ils quittent le mensonge pour la vérité et la chair pour l'esprit. Ceux-là savent goûter Dieu et tout ce qu'ils trouvent de bon dans les créatures, ils le rapportent à la louange du Créateur. Rien pourtant ne se ressemble moins que le goût du Créateur et celui de la créature, du temps et de l'éternité, de la lumière incréée et de celle qui n'en est qu'un faible reflet.

3. Ô lumière éternelle ! Infiniment élevée au-dessus de toute lumière créée, qu'un de vos rayons, tel que la foudre, parte d'en haut et pénètre jusqu'au fond le plus intime de mon cœur. Purifiez, dilatez, éclairez, vivifiez mon âme et toutes ses puissances, pour qu'elle s'unisse à vous dans des transports de joie. Oh ! quand viendra cette heure heureuse, cette heure désirable où vous me rassasierez de votre présence, où vous me serez tout en toutes choses ? Jusque-là je n'aurai point de joie parfaite. Hélas ! le vieil homme vit encore en moi. Il n'est pas mort entièrement. Ses convoitises combattent encore fortement contre l'esprit. Il excite en moi des guerres intestines et ne souffre point que l'âme règne en paix.

4. Mais vous qui commandez à la mer et qui calmez le mouvement des flots, levez-vous, secourez-moi. Dissipez les nations qui veulent la guerre et brisez-les dans votre puissance. Faites, je vous en conjure, éclater vos merveilles et signalez la force de votre bras, car je n'ai point d'autre espérance ni d'autre refuge que vous, ô mon Dieu !

35. Qu'on est toujours, durant cette vie, exposé à des difficultés

1. Ieschouah : Mon fils, vous n'aurez jamais de sécurité dans cette vie, mais tant que vous vivrez, les armes spirituelles vous seront toujours nécessaires.

Vous êtes environné d'ennemis. Ils vous attaquent à droite et à gauche. Si vous ne vous couvrez donc de tous côtés du bouclier de la patience, vous ne serez pas longtemps sans blessure.

Si de plus votre cœur ne se fixe pas irrévocablement en moi, avec une ferme volonté, vous ne soutiendrez jamais la violence de ce combat et vous n'obtiendrez point la palme des bienheureux. Il faut donc passer à travers tous les obstacles et lever un bras tout-puissant contre tout ce qui s'oppose à vous. Car « la manne est donnée aux victorieux » et une grande misère est le partage du lâche.

2. Si vous cherchez le repos en cette vie, comment parviendrez-vous au repos éternel ? Ne vous préparez pas à beaucoup de repos, mais à beaucoup de patience.

Cherchez la véritable paix, non sur la terre, mais dans le ciel; non dans les hommes ni dans aucune créature, mais en Dieu seul. Vous devez supporter tout avec joie pour l'amour de Dieu : les travaux, les douleurs, les tentations, les persécutions, les angoisses, les besoins, les infirmités, les injures, les médisances, les reproches, les humiliations, les affronts, les corrections, le mépris. C'est là ce qui exerce à la vertu, ce qui éprouve le nouveau soldat de Ieschouah, ce qui forme la couronne céleste. Pour un court travail, je donnerai une récompense éternelle et une gloire infinie pour une humiliation passagère.

3. Pensez-vous que vous aurez toujours, selon votre désir, les consolations spirituelles ? Mes adeptes n'en ont pas joui constamment, mais ils ont eu beaucoup de peines, des tentations diverses, de grandes désolations.
Et se confiant plus en Dieu qu'en eux-mêmes, ils se sont soutenus par la patience au milieu de toutes ces épreuves, sachant que les souffrances du temps n'ont nulle proportion avec la gloire future qui doit en être le prix.
Voulez-vous avoir dès le premier moment ce que tant d'autres ont à peine obtenu après beaucoup de larmes et d'immenses travaux ? Attendez le Seigneur, combattez avec courage, soyez ferme, ne craignez point, ne reculez point, mais exposez généreusement votre vie pour la gloire de Dieu.

Je vous récompenserai pleinement et je serai avec vous dans toutes vos tribulations.

36. Contre les vains jugements des hommes

1. Ieschouah : Mon fils, ne cherchez qu'en Dieu le repos de votre cœur et ne craignez point les jugements des hommes quand votre conscience vous rend témoignage de votre innocence et de votre piété. Il est bon et il est heureux de supporter ainsi et ce ne sera point chose pénible pour le cœur humble qui se confie en Dieu plus qu'en lui-même. On parle tant qu'on doit ajouter peu de foi à ce qui se dit. Comment, d'ailleurs, contenter tout le monde ? Cela ne se peut pas.

2. Qu'avez-vous à craindre d'un homme mortel ? Il est aujourd'hui et demain il aura disparu. Craignez Dieu et vous ne redouterez rien des hommes. Que peut contre vous un homme par des paroles et des outrages ? Il se nuit plus qu'à vous et, quel qu'il soit, il n'évitera pas le jugement de Dieu. Ayez Dieu toujours présent et laissez là les contestations et les plaintes. Que si vous paraissez succomber maintenant et souffrir une confusion que vous ne méritez pas, n'en murmurez point et ne diminuez pas votre couronne par votre impatience. Levez plutôt vos regards au ciel, vers moi qui suis assez puissant pour vous délivrer de l'opprobre et de l'injure et pour rendre à chacun selon ses œuvres.

37. Qu'il faut renoncer à soi-même pour obtenir la liberté du cœur

1. Ieschouah : Mon fils, quittez-vous et vous me trouverez. N'ayez rien à vous, pas même votre volonté, vous y gagnerez constamment. Car vous recevrez une grâce plus abondante dès que vous aurez renoncé à vous-même.

2. L'adepte : Seigneur, en quoi dois-je me renoncer et combien de fois ?

3. Ieschouah : Toujours et à toute heure, dans les plus petites choses comme dans les plus grandes. Il faut vous dépouiller sans réserve. Vous devez être libre, au-dedans et au-dehors, de toute volonté propre. Plus vous vous hâterez d'accomplir ce renoncement, plus vous aurez de paix.

4. Il y en a qui renoncent à eux-mêmes, mais avec quelque réserve et parce qu'ils n'ont pas en Dieu une pleine confiance, ils veulent encore s'occuper de ce qui les touche. Quelques-uns offrent tout d'abord; mais,

la tentation survenant, ils reprennent ce qu'ils avaient donné et c'est pourquoi ils ne font presque aucun progrès dans la vertu. Ni les uns ni les autres ne parviendront jamais à la vraie liberté d'un cœur pur, jamais ils ne seront admis à ma douce familiarité qu'après un entier abandon d'eux-mêmes, sans lequel on ne peut ni jouir de moi, ni s'unir à moi.

5. Je vous l'ai dit bien des fois et je vous le redis encore : Quittez-vous, renoncez à vous et vous jouirez d'une grande paix intérieure. Donnez tout pour trouver tout; ne recherchez, ne demandez rien, demeurez fortement attaché à moi seul et vous me posséderez. Votre cœur sera libre et dégagé des ténèbres qui l'obscurcissent. Que vos efforts, vos prières, vos désirs n'aient qu'un seul objet : d'être dépouillé de tout intérêt propre, de suivre nu Ieschouah nu, de mourir à vous-même, afin de vivre pour moi éternellement. Alors s'évanouiront toutes les pensées vaines, les pénibles inquiétudes, les soins superflus. Alors aussi s'éloigneront de vous les craintes excessives et l'amour déréglé mourra en vous.

38. Comment il faut se conduire dans les choses extérieures et recourir à Dieu dans les périls

1. Ieschouah : Mon fils, en tous lieux, dans tout ce que vous faites, en tout ce qui vous occupe au-dehors, vous devez vous efforcer de demeurer libre intérieurement et maître de vous-même, de sorte que tout vous soit assujetti et que vous ne le soyez à rien. Ayez sur vos actions un empire absolu. Soyez-en le maître et non pas l'esclave. Entrez dans la liberté des enfants de Dieu qui, élevés au-dessus des choses présentes, contemplent celles de l'éternité; qui donnent à peine un regard à ce qui passe et ne détachent jamais leurs yeux de ce qui durera toujours; qui, supérieurs aux biens du temps, ne cèdent point à leur attrait mais plutôt les forcent de servir au bien, selon l'ordre établi par Dieu, le régulateur suprême, qui n'a rien laissé de désordonné dans ses œuvres.

2. Si dans tous les évènements, vous ne vous arrêtez point aux apparences et n'en croyez point les yeux de la chair sur ce que vous voyez et entendez; si vous entrez d'abord, dans le tabernacle pour consulter le Seigneur, vous recevrez quelquefois sa divine réponse et vous reviendrez instruit de beaucoup de choses sur le présent et l'avenir. Ainsi vous

devez vous réfugier dans le secret de votre cœur pour implorer le secours de Dieu avec plus d'instance.

39. Qu'il faut éviter l'empressement dans les affaires

1. Ieschouah : Mon fils, remettez-moi vos problèmes. Je vous soutiendrai dans ces temps difficiles et vous y trouverez un grand avantage.

2. L'adepte : Seigneur, je m'en remets à vous avec joie, car j'avance bien peu quand je n'ai que mes propres lumières. Oh ! Que ne puis-je, oubliant l'avenir, m'abandonner dès ce moment sans réserve à votre sagesse souveraine !

3. Ieschouah : Mon fils, souvent l'homme poursuit avec ardeur une chose qu'il désire. L'a-t-il obtenue, il commence à s'en dégoûter, parce qu'il n'y a rien de durable dans ses affections et qu'elles l'entraînent incessamment d'un objet à un autre. Ce n'est donc pas peu de se renoncer soi-même dans les plus petites choses.

4. Le vrai progrès de l'homme est l'abnégation de soi-même et l'homme qui se détache de lui-même est libre. Cependant l'ancien ennemi, qui s'oppose à tout bien, ne cesse pas de le tenter. Il lui dresse nuit et jour des embûches et s'efforce de le surprendre pour le faire tomber dans ses pièges. Veillez et priez, dit le Seigneur, afin que vous ne succombiez pas.

40. Que l'homme ne peut se glorifier de rien

1. L'adepte : Seigneur, qu'est-ce que l'homme pour que vous vous souveniez de lui ? Comment puis-je mériter votre grâce ? De quoi, Seigneur, puis-je me plaindre, si vous me délaissez ? Et qu'ai-je à dire si vous ne faites pas ce que je demande ? Je ne puis certes penser et dire avec vérité que ceci : Seigneur, je ne suis rien, je ne peux rien de moi-même, je sens ma faiblesse en tout et tout m'incline vers le néant. Si vous ne m'aidez et ne me fortifiez intérieurement, je peux facilement tomber dans la tiédeur et le relâchement.

2. Mais vous, Seigneur, vous êtes toujours le même et vous demeurez éternellement bon, juste et saint, faisant tout avec bonté, avec justice,

avec sainteté et disposant tout avec sagesse. Pour moi, qui ai plus de penchant à m'éloigner du bien qu'à m'en approcher, je ne demeure pas longtemps dans un même état. Cependant je suis moins faible dès que vous le voulez, dès que vous me tendez une main secourable, car vous pouvez seul, sans l'aide de personne, me secourir et m'affermir de telle sorte que je ne sois plus sujet à tous ces changements et que mon cœur se tourne vers vous seul et s'y repose à jamais.

3. Si donc je savais rejeter toute consolation humaine, soit pour acquérir la ferveur, soit à cause de la nécessité qui me presse de vous chercher, ne trouvant point d'homme qui me console, alors je pourrais tout espérer de votre grâce et me réjouir de nouveau dans les consolations que je recevrais de vous.

4. Grâces vous soient rendues. Pour moi, je ne suis devant vous que vanité et néant, qu'un être inconstant et fragile. De quoi donc puis-je me glorifier ? Comment puis-je désirer qu'on m'estime ? Serait-ce à cause de mon néant ? Mais quoi de plus insensé ? Certes, la vaine gloire est la plus grande des vanités et un mal terrible, puisqu'elle nous éloigne de la véritable gloire et nous dépouille de la grâce céleste. Car, dès que l'homme se complaît en lui-même, il commence à vous déplaire et lorsqu'il aspire aux louanges humaines, il perd la vraie vertu.

5. La vraie gloire et la joie sainte est de se glorifier en vous et non pas en soi; de se réjouir de votre grandeur et non de notre propre vertu. Que votre nom soit loué et non le mien; qu'on exalte vos œuvres et non les miennes; que votre saint nom soit béni et qu'il ne me revienne rien des louanges des hommes. Vous êtes ma gloire et la joie de mon cœur. En vous je me glorifierai; je me réjouirai sans cesse en vous et non pas en moi.

6. Je ne rechercherai que la bonté divine. Car toute gloire humaine, tout honneur du temps, toute grandeur de ce monde, comparée à votre gloire éternelle, est folie et vanité. Ô ma vérité, ma miséricorde, ô mon Dieu ! A vous louange, honneur, gloire, puissance dans les siècles des siècles !

41. Du mépris de tous les honneurs du temps

1. Ieschouah : Mon fils, n'enviez point les autres si vous les voyez honorés et élevés. Élevez votre cœur au ciel vers moi et vous ne vous affligerez point d'être méprisé des hommes sur la terre.

2. L'adepte : Seigneur, nous sommes aveuglés et la vanité nous séduit bien vite. Si je me considère attentivement, je reconnais qu'aucune créature ne m'a jamais fait d'injustice et qu'ainsi je n'ai nul sujet de me plaindre de vous. Après vous avoir tant offensé et si grièvement, il est juste que toute créature s'arme contre moi. La honte et le mépris, voilà donc ce qui m'est dû et à vous la louange, l'honneur et la gloire.

42. Qu'il ne faut pas que notre paix dépende seulement des hommes

1. Ieschouah : Si vous faites dépendre votre paix de quelque personne, à cause de l'habitude de vivre avec elle et de la conformité de vos sentiments, vous pourriez être dans l'inquiétude et le trouble. Mais si vous cherchez votre appui dans la vérité immuable et toujours vivante, vous ne serez point accablé de tristesse quand un ami s'éloigne ou meurt. Toute amitié doit être fondée sur l'esprit et sur moi. Sans moi, l'amitié est stérile et dure peu et toute affection dont je ne suis pas le lien n'est ni véritable ni pure. Plus l'homme s'éloigne des consolations de la terre, plus il s'approche de Dieu. Et il s'élève d'autant plus vers Dieu qu'il descend plus profond en lui-même et qu'il est plus éloigné des passions du corps.

2. Celui qui s'attribue quelque bien empêche que la grâce de Dieu descende en lui, parce que la grâce de l'Esprit-Saint cherche toujours les cœurs humbles. Si vous savez vous anéantir parfaitement et bannir de votre cœur tout attachement au monde, alors, venant à vous, je vous inonderai de ma grâce. Quand vous vous attachez au monde, vous perdez de vue l'âme. Apprenez à vous vaincre en tout et vous pourrez alors parvenir à connaître Dieu. Le plus petit objet désiré, aimé avec excès, emprisonne l'âme et la sépare du souverain bien.

43. De la véritable étude

1. Ieschouah : Mon fils, ne vous laissez pas émouvoir au charme et à la beauté des discours des hommes, car le royaume de Dieu ne consiste pas dans les discours, mais dans les œuvres. Soyez attentif aux paroles des sages qui enflamment le cœur, éclairent, attendrissent l'âme et la remplissent de consolation. Ne lisez jamais pour paraître plus savant sans pratiquez l'humilité. Continuez à contrôler vos vices. Cela vous servira à compléter votre étude des questions les plus difficiles.

2. Après avoir beaucoup lu et beaucoup appris, il en faut toujours revenir à l'unique principe de toutes choses : c'est de l'intérieur que vient la réelle science qui éclaire l'intelligence. Celui qui se connaît lui-même est bientôt instruit et fait de grands progrès dans la vie de l'esprit. Malheur à ceux qui interrogent les hommes sur toutes sortes de questions curieuses et qui s'inquiètent peu d'apprendre d'eux-mêmes !

3. C'est moi qui, en un moment, élève l'âme humble et la fais pénétrer plus avant dans la vérité éternelle. C'est alors que ce qui a été étudié dans les écoles trouve son plein aboutissement. J'enseigne sans bruit de paroles, sans embarras d'opinion, sans faste, sans arguments, sans disputes. J'apprends à dépasser les illusions de la terre, à rechercher et à goûter ce qui est éternel, à fuir les honneurs, à supporter les critiques et à mettre en moi son espérance.

4. Quelques-uns, en m'aimant ainsi, ont appris des choses toutes divines, dont ils parlaient d'une manière admirable. Mais je dis aux uns des choses plus générales et aux autres, de plus particulières. J'apparais à quelques-uns doucement voilé sous des ombres et des figures. Je révèle à d'autres mes mystères au milieu d'une vive splendeur. Les livres parlent à tous le même langage, mais il ne produit pas sur tous les mêmes impressions, parce que j'enseigne la vérité au-dedans, je scrute les cœurs, je pénètre leurs pensées, j'excite à agir et je distribue mes dons à chacun selon qu'il me plaît.

44. Qu'il ne faut point s'embarrasser dans les choses extérieures

1. Ieschouah : Mon fils, il faut que vous découvriez la simplicité d'esprit. Il faut aussi fermer l'oreille à bien des discours et penser plutôt à vous conserver en paix. Il vaut mieux détourner les yeux de ce qui déplaît et laisser chacun dans son sentiment, que de s'arrêter à contester. Si vous prenez soin d'avoir Dieu pour vous et que son jugement vous soit toujours présent, vous supporterez sans peine d'être vaincu.

2. L'adepte : Hélas ! Seigneur, où en sommes-nous venus ? On pleure une perte temporelle, on court, on se fatigue pour le moindre gain et l'on oublie les pertes de l'âme ou l'on ne s'en souvient qu'à peine et bien tard. On est attentif à ce qui ne sert que peu ou point du tout et l'on passe avec négligence sur ce qui est souverainement nécessaire, parce que l'homme se répand tout entier au-dehors et que, s'il ne rentre promptement en lui-même, il demeure avec joie enseveli dans les choses extérieures.

45. Qu'il ne faut pas croire tout le monde et qu'il est difficile de garder une sage mesure dans ses paroles

1. L'adepte : Secourez-moi, Seigneur, dans la tribulation, car le salut ne vient pas de l'homme. Combien de fois ai-je en vain cherché la fidélité où je croyais la trouver ? Combien de fois l'ai-je trouvée où je l'attendais le moins ? Vanité donc d'espérer dans les hommes. Mais vous êtes, mon Dieu, le salut des justes. Soyez béni, Seigneur, en tout ce qui nous arrive. Nous sommes faibles et changeants, un rien nous séduit et nous ébranle.

2. Quel est l'homme si vigilant et si réservé, qu'il ne tombe jamais dans aucune surprise, ni dans aucune perplexité ? Mais celui, mon Dieu, qui se confie en vous et qui vous cherche dans la simplicité de son cœur, ne chancelle pas si aisément. Et s'il éprouve quelque affliction, s'il est engagé en quelque embarras, vous l'en tirerez bientôt ou vous le consolerez, car vous n'abandonnez pas pour toujours celui qui espère en vous. Quoi de plus rare qu'un ami fidèle, qui ne s'éloigne point quand l'infortune accable son ami ? Seigneur, vous êtes seul constamment fidèle et nul ami n'est comparable à vous.

3. Que de sagesse dans ce que disait cette sainte âme : « Mon cœur est affermi et fondé en Ieschouah ! » S'il en était ainsi de moi, je serais moins troublé par la crainte des hommes et moins ému de leurs paroles malignes. Qui peut prévoir, qui peut détourner tous les maux à venir ? Si ceux qu'on a prévus souvent blessent encore, que sera-ce donc de ceux qui nous frappent inopinément ? Pourquoi, malheureux que je suis, n'ai-je pas pris de plus sûres précautions pour moi-même ? Pourquoi aussi ai-je eu tant de crédulité pour les autres ? Mais nous sommes des hommes et rien autre chose que des hommes fragiles, quoique plusieurs nous croient ou nous appellent des anges. A qui croirai-je, Seigneur, si ce n'est à vous ? Vous êtes la vérité qui ne trompe point et qu'on ne peut tromper. Au contraire, l'être humain est menteur, faible, inconstant, fragile, surtout dans ses paroles, de sorte qu'on doit à peine croire d'abord ce qui paraît le plus vrai dans ce qu'il dit.

4. Vous nous avez sagement avertis de nous défier des hommes. Une dure expérience m'a éclairé. Heureux si elle sert à me rendre moins insensé et plus vigilant ! Soyez discret, me dit quelqu'un et soyez discret car ce que je vous dis n'est que pour vous. Et pendant que je me tais et que je crois la choses secrète, il ne peut lui-même garder le silence qu'il m'a demandé; mais dans l'instant, il me trahit, se trahit lui-même et s'en va. Éloignez de moi, Seigneur, ces confidences trompeuses. Ne permettez pas que je tombe entre les mains de ces hommes indiscrets, ou que je leur ressemble. Mettez dans ma bouche des paroles invariables et vraies et que ma langue soit étrangère à tout artifice. Ce que je ne peux souffrir en autrui, je dois m'en préserver avec soin.

5. Oh, qu'il est bon, qu'il est nécessaire pour la paix, de se taire sur les autres, de ne pas tout croire indifféremment, ni tout redire sans réflexion, de se découvrir à peu de personnes, de vous chercher toujours pour témoin de son cœur, de ne pas se laisser emporter à tout vent de paroles, mais de désirer que tout en nous et hors de nous s'accomplisse selon qu'il plaît à votre volonté. Que c'est encore un sûr moyen pour conserver la grâce céleste, de fuir ce qui a de l'éclat aux yeux des hommes, de ne point rechercher ce qui semble attirer leur admiration, mais de travailler ardemment à acquérir ce qui produit la ferveur et corrige la vie ! A combien d'hommes a été funeste une vertu connue et louée trop tôt ! Que de fruits, au contraire, d'autres ont tiré d'une grâce

conservée en silence durant cette vie fragile, qui n'est qu'une tentation et une guerre continuelle !

46. Qu'il faut mettre sa confiance en Dieu, lorsqu'on est assailli de paroles injurieuses

1. Ieschouah : Mon fils, demeurez ferme et espérez en moi. Qu'est-ce, après tout, que des paroles ? Un vain bruit. Elles frappent l'air, mais ne brisent point la pierre. Si vous êtes coupable, songez que votre désir doit être de vous corriger. Si votre conscience ne vous reproche rien, pensez que vous devez souffrir avec joie cette légère peine pour Dieu. C'est bien le moins que de temps en temps vous supportiez quelques paroles, vous qui ne pouvez encore soutenir de plus dures épreuves. Et pourquoi de si petites choses vont-elles jusqu'à votre cœur, si ce n'est que vous êtes encore charnel et trop occupé des jugements des hommes ? Vous craignez le mépris et à cause de cela vous ne voulez pas être repris de vos fautes et vous cherchez des excuses pour les couvrir.

2. Scrutez mieux votre cœur et vous reconnaîtrez que le monde vit encore en vous et le vain désir de plaire aux hommes. Car votre répugnance à être rabaissé, confondu par vos faiblesses, prouve que vous n'avez pas une humilité sincère, que vous n'êtes pas véritablement mort au monde. Écoutez ma parole et vous vous inquiéterez peu de toutes les paroles des hommes. Quand on dirait contre vous tout ce que peut inventer la plus noire malice, en quoi cela vous nuirait-il, si vous le laissez passer comme la paille que le vent emporte ? En perdriez-vous un seul cheveu ?

3. Celui dont le cœur n'est pas renfermé en lui-même et qui n'a pas Dieu présent en lui, s'émeut aisément d'une parole de blâme. Mais celui qui se confie en moi ne craindra rien des hommes. Car c'est moi qui connais ce qui est secret. Je sais la vérité de toutes choses, qui a fait l'injure et qui la souffre. Cette parole, elle est venue de moi. Cet événement, je l'ai permis afin que ce qu'il y a de caché dans beaucoup de cœurs fut révélé. Je jugerai l'innocent et le coupable. Mais par un secret jugement, j'ai voulu auparavant éprouver l'un et l'autre.

4. Le témoignage des hommes trompe souvent, mais mon jugement est vrai. Il subsistera et ne sera point ébranlé. Le plus souvent il est caché

et peu de personnes le découvrent en chaque chose. Cependant il n'erre jamais et ne peut errer, quoiqu'il ne paraisse pas toujours juste aux yeux des insensés. C'est donc à moi qu'il faut remettre le jugement de tout, sans jamais s'en rapporter à son propre sens. Il importe peu au juste qu'on l'accuse injustement. Et si d'autres le défendent et réussissent à le justifier, il n'en concevra pas non plus une vaine joie. Car il se souvient que c'est moi qui sonde les cœurs et les reins et que je ne juge point sur les dehors et les apparences humaines. Ce qui paraît louable au jugement des hommes, souvent est criminel à mes yeux.

5. L'adepte : Seigneur, mon Dieu, juge infiniment juste, fort et patient, qui connaissez la fragilité de l'homme et son penchant au mal, soyez ma force et toute ma confiance; car ma conscience ne me suffit pas. Vous connaissez ce que je ne connais point. Ainsi j'ai dû m'abaisser sous tous les reproches et les supporter avec douceur. Pardonnez-moi, dans votre bonté, toutes les fois que je n'ai pas agi de la sorte et donnez-moi plus abondamment la grâce qui apprend à souffrir. Car je dois compter bien plus sur votre grande miséricorde pour obtenir le pardon, que sur ma vertu apparente, pour justifier ce que ma conscience recèle. Quoique je ne me reproche rien, je ne suis cependant pas justifié pour cela; parce que sans votre miséricorde, nul homme vivant ne sera juste devant vous.

47. Qu'il faut être prêt à souffrir pour la vie éternelle

1. Ieschouah : Mon fils, que les travaux que vous avez entrepris pour moi ne brisent pas votre courage et que les afflictions ne vous abattent pas entièrement; mais qu'en tout ce qui arrive, ma promesse vous console et vous fortifie. Je suis assez puissant pour vous récompenser au-delà de toutes bornes et de toute mesure. Vous ne serez pas longtemps ici dans le travail, ni toujours chargé de douleurs. Attendez un peu et vous verrez promptement la fin de vos maux. Une heure viendra où le travail et le trouble cesseront. Tout ce qui passe avec le temps est peu de chose et ne dure guère.

2. Faites ce que vous avez à faire. Travaillez fidèlement à ma vigne et je serai moi-même votre récompense. Écrivez, lisez, chantez mes louanges, gémissez, gardez le silence, priez, souffrez courageusement l'adversité. La vie éternelle est digne de tous ces combats et de plus grands encore. Il y a un jour connu du Seigneur où la paix viendra et il

n'y aura plus de jour ni de nuit comme sur cette terre mais une lumière perpétuelle, une splendeur infinie, une paix inaltérable, un repos assuré.

3. Oh, si vous goûtiez ces vérités, si elles pénétraient jusqu'au fond de votre cœur, comment oseriez-vous vous plaindre, même une seule fois ? N'est-il rien de pénible qu'on ne doive supporter pour la vie éternelle ? Ce n'est pas peu de gagner ou de perdre le royaume de Dieu. Levez donc les yeux au ciel. Me voilà et avec moi tous mes saints. Ils ont soutenu dans ce monde un grand combat; et maintenant ils se réjouissent, maintenant ils sont consolés et à l'abri de toute crainte. Maintenant ils se reposent et ils demeureront à jamais avec moi dans le royaume de mon Père.

48. De l'éternité bienheureuse et des misères de cette vie

1. L'adepte : Ô bienheureuse demeure de la cité céleste ! Jour éclatant de l'éternité, que la nuit n'obscurcit jamais et que la vérité souveraine éclaire perpétuellement de ses rayons; jour immuable de joie et de repos, que nulle vicissitude ne trouble ! Oh, que ce jour n'a-t-il lui déjà sur les ruines du temps et de tout ce qui passe avec le temps ! Il luit pour les saints dans son éternelle splendeur, mais nous, voyageurs sur la terre, nous ne le voyons que de loin, comme à travers un voile.

2. Les citoyens du ciel en connaissent les délices; mais nous sommes encore exilés et gémissons d'ennui de la vie présente. Les jours d'ici-bas sont courts et mauvais, pleins de douleurs et d'angoisses. L'homme y est souillé de beaucoup de péchés, engagé dans beaucoup de passions, agité par mille craintes, embarrassé de mille soins, emporté çà et là par la curiosité, séduit par une foule de chimères, environné d'erreurs, brisé de travaux, accablé de tentations, énervé de délices, tourmenté par la pauvreté.

3. Oh, quand viendra la fin de ces maux ? Quand serai-je délivré de la misérable servitude des vices ? Quand me souviendrai-je, Seigneur, de vous ? Quand goûterai-je en vous une pleine joie ? Quand, dégagé de toute entrave, jouirai-je d'une vraie liberté, désormais exempte de toute peine et du corps et de l'esprit ? Quand posséderai-je une joie solide, assurée, inaltérable, paix au-dedans et au-dehors, paix affermie de toutes

parts ? Ô bon Ieschouah, quand me sera-t-il donné de vous voir et de contempler la gloire de votre règne ? Quand me serez-vous tout en toute chose ? Quand serai-je avec vous dans ce royaume que vous avez préparé de toute éternité à vos élus ? J'ai été délaissé, pauvre, exilé, en une terre ennemie, où il y a une guerre continuelle et de grandes infortunes.

4. Consolez mon exil, adoucissez l'angoisse de mon cœur, car il soupire après vous de toute l'ardeur de ses désirs. Tout ce que le monde m'offre ici-bas pour me consoler me pèse. Je voudrais m'unir intimement à vous et je ne puis atteindre à cette ineffable union. Je voudrais m'attacher aux choses du ciel et mes passions incontrôlées me replongent dans celles de la terre. Mon âme aspire à s'élever au-dessus de tout et la chair me rabaisse au-dessous, malgré mes efforts. Ainsi, homme misérable, j'ai sans cesse la guerre au-dedans de moi et je me suis à charge à moi-même, l'esprit voulant s'élever toujours et la chair toujours descendre !

5. Oh, combien je souffre en moi lorsque, méditant les choses du ciel, celles de la terre viennent en foule se présenter à ma pensée durant la prière ! Mon Dieu, ne vous éloignez pas de moi et ne m'abandonnez point. Faites briller votre foudre et dissipez ces visions de la chair : lancez vos flèches et mettez en fuite ces fantômes de l'ennemi. Rappelez à vous tous mes sens. Faites que j'oublie toutes les choses du monde et que je rejette promptement avec mépris ces criminelles images. Eternelle vérité, prêtez-moi votre secours afin que nulle chose vaine ne me touche. Venez en moi, céleste douceur et que tout ce qui n'est pas pur s'évanouisse devant vous. Pardonnez-moi aussi et usez de miséricorde, toutes les fois que dans la prière je m'occupe d'autre chose que de vous. Car je confesse sincèrement que la distraction m'est habituelle. Dans le mouvement ou dans le repos, bien souvent je ne suis point où est mon corps, mais plutôt où mon esprit m'emporte. Je suis là où est ma pensée, ma pensée est d'ordinaire où est ce que j'aime. Ce qui me plaît naturellement ou par habitude, voilà ce qui d'abord se présente à elle.

6. Et c'est pour cela, ô Vérité, que vous avez dit expressément : Où est votre trésor, là aussi est votre cœur ? Si j'aime le ciel, je pense volontiers aux choses du ciel. Si j'aime le monde, je me réjouis des prospérités du monde et je m'attriste de ses adversités. Si j'aime la chair, je me représente souvent ce qui est de la chair. Si j'aime l'esprit, ma joie est de

penser aux choses spirituelles. Car il est doux de parler et d'entendre parler de tout ce que j'aime et j'en emporte avec moi le souvenir dans ma retraite. Mais heureux l'homme, ô mon Dieu ! qui à cause de vous, bannit de son cœur toutes les créatures, qui fait violence à la nature et crucifie par la ferveur de l'esprit les convoitises de la chair, afin de vous offrir du fond d'une conscience où règne la paix, une prière pure et que, dégagé au-dedans et au-dehors de tout ce qui est terrestre, il puisse se mêler aux chœurs des anges !

49. Du désir de la vie éternelle et des grands biens promis à ceux qui combattent courageusement

1. Ieschouah : Mon fils, lorsque le désir de l'éternelle béatitude vous est donné d'en haut et que vous aspirez à sortir de la prison du corps pour contempler ma lumière sans ombre et sans vicissitude, dilatez votre cœur et recevez avec amour cette sainte aspiration. Rendez grâce de toute votre âme à la bonté céleste, qui vous prodigue ainsi ses faveurs, qui vous visite avec tendresse, vous excite, vous presse et vous soulève puissamment, de peur que votre poids ne vous incline vers la terre. Car rien de cela n'est le fruit de vos pensées ou de vos efforts, mais une grâce de Dieu, qui a daigné jeter sur vous un regard afin que, croissant dans la vertu et dans l'humilité, vous vous prépariez à de nouveaux combats et que tout votre cœur s'attache à moi avec la volonté ferme de me servir.

2. Quelque ardent que soit le feu, la flamme cependant ne monte pas sans fumée. Ainsi quelques-uns, quoique embrasés du désir des choses célestes, ne sont point néanmoins entièrement dégagés des affections et des tentations de la chair. Et c'est pourquoi ils n'ont pas en vue la seule gloire de Dieu, dans ce qu'ils demandent avec tant d'instance. Tel est souvent votre désir, que vous croyez si vif et si sûr. Car rien n'est pur ni parfait, de ce qui est mêlé d'intérêt propre.

3. Demandez, non ce qui vous est doux, non ce qui vous offre quelque avantage, mais ce qui vous élève. Je connais votre désir et j'ai entendu votre souffrance. Vous voudriez jouir déjà de la demeure éternelle, la céleste patrie où la joie ne tarit jamais, ravissant votre pensée. Mais l'heure n'est pas encore venue, vous êtes encore dans un autre temps,

temps de guerre, temps de travail et d'épreuves. Vous désirez être rassasié du souverain bien, mais cela ne se peut maintenant.

4. Il faut que vous soyez encore éprouvé sur la terre et exercé de bien des manières. De temps en temps vous recevrez des consolations, mais jamais assez pour rassasier vos désirs. Ranimez donc votre force et votre courage pour accomplir ce qui répugne à la nature. Il faut que vous vous revêtiez de l'homme nouveau, que vous vous changiez en un autre homme. Il faut que souvent vous fassiez ce que vous ne voulez pas et que vous renonciez à ce que vous voulez. Ce que les autres souhaitent réussira, mille obstacles s'opposeront à ce que vous souhaitez. On écoutera ce que disent les autres, ce que vous direz sera compté pour rien. Ils demanderont et ils obtiendront; vous demanderez et on vous refusera.

5. On parlera d'eux, on les exaltera et personne ne parlera de vous. On leur confiera tel ou tel emploi et l'on ne vous jugera propre à rien. Quelquefois la nature s'en affligera et ce sera beaucoup si vous le supportez en silence. C'est dans ces épreuves et une infinité d'autres semblables que, d'ordinaire, on reconnaît combien un véritable adepte sait renoncer et supporter. Il n'est presque rien qui vous fasse sentir autant le besoin de mourir à vous -même, que de voir et de souffrir ce qui répugne à votre volonté, surtout lorsqu'on vous commande des choses inutiles ou déraisonnables. Et parce que, assujetti à un supérieur, vous n'osez résister à son autorité, il vous semble dur d'être en tout conduit par un autre et de n'agir jamais selon vos propres sens.

6. Mais pensez, mon fils, aux fruits de vos travaux, à leur prompte fin, à leur récompense trop grande et loin de les porter avec douleur, vous y trouverez une puissante consolation. Car, pour avoir renoncé maintenant à quelques vaines convoitises, vous ferez éternellement votre volonté dans le ciel. Là tous vos vœux seront accomplis, tous vos désirs satisfaits. Là tous les biens s'offriront à vous, sans que vous ayez à craindre de les perdre. Là personne ne vous résistera, personne ne se plaindra de vous, personne ne vous suscitera de contrariétés ni d'obstacles; mais tout ce qui peut être désiré étant présent à la fois, votre âme, rassasiée pleinement, n'embrassera qu'à peine cette immense félicité. Là je donnerai la gloire pour les opprobres soufferts, la joie pour les larmes, pour la dernière place un trône dans mon royaume éternel.

Là éclateront les fruits de l'obéissance, la pénitence se réjouira de ses travaux et l'humble dépendance sera glorieusement couronnée.

7. Maintenant donc, inclinez-vous humblement. Mais si quelqu'un demande ou souhaite quelque chose de vous, loin d'en être blessé, ayez soin de l'accomplir avec une effusion sincère. Que l'un recherche ceci, un autre cela; que celui-là se glorifie d'une chose, celui-ci d'une autre et qu'il en reçoive mille louanges; pour vous, ne mettez votre joie que dans l'accomplissement de votre œuvre conforme à la loi divine.

50. Comment un homme dans l'affliction doit s'abandonner entre les mains de Dieu

1. L'adepte : Seigneur mon Dieu, soyez béni maintenant et dans toute l'éternité, parce qu'il a été fait comme vous l'avez voulu et ce que vous faites est bon. Vous êtes, Seigneur, mon espérance, ma couronne, ma joie, ma gloire. Quelquefois mon âme est triste jusqu'aux larmes et quelquefois elle se trouble en elle-même, à cause des passions qui la pressent.

2. Je désire la joie de la paix. J'aspire à la paix de vos enfants, que vous nourrissez dans votre lumière et vos consolations. Si vous me donnez la paix, si vous versez en moi votre joie sainte, mon âme sera comme remplie d'une douce mélodie et, ravi d'amour, elle chantera vos louanges. Mais si vous vous retirez, comme vous le faites souvent, elle ne pourra suivre votre voie. Il ne me restera alors qu'à tomber à genoux et à me frapper la poitrine.

3. Père juste et toujours digne de louanges, l'heure est venue où votre serviteur doit être éprouvé. Père à jamais adorable, l'heure que vous avez prévue de toute éternité est venue, où il faut que je succombe pour un peu de temps au-dehors, sans cesser de vivre toujours intérieurement en vous. Il faut que pour un peu de temps je sois brisé de souffrances. Mais je me relèverai avec vous à l'aurore d'un jour nouveau et serai environné de splendeur dans le ciel.

4. Rien ne se fait sur la terre sans raison, sans dessein et sans l'ordre de votre Providence. Il faut que je bannisse de mon cœur tout orgueil et toute présomption. Il m'est utile d'avoir été couvert de confusion, afin que je cherche à me consoler plutôt en vous que dans les hommes. Par

là j'ai appris encore à redouter vos jugements impénétrables, selon lesquels vous affligez et le juste et l'impie, mais toujours avec équité et justice.

5. Père uniquement aimé, vous savez tout. Vous pénétrez tout et rien ne vous est caché dans la conscience de l'homme. Vous connaissez les choses futures avant qu'elles arrivent et il n'est pas besoin que quelqu'un vous instruise ou vous avertisse de ce qui se passe sur la terre. Vous savez ce qui est utile à mon avancement et combien les épreuves peuvent me renforcer.

6. Faites, Seigneur, que je sache ce que je dois savoir, que j'aime ce que je dois aimer, que je loue ce qui vous est agréable, que j'estime ce qui est précieux devant vous et que je méprise ce qui est vil à vos regards. Ne permettez pas que je juge d'après ce que l'œil aperçoit au-dehors, ni que je forme mes sentiments sur les discours insensés des hommes; mais faites que je porte un jugement vrai des choses sensibles et spirituelles et surtout que je cherche à connaître votre volonté.

7. Souvent les hommes se trompent en ne jugeant que sur le témoignage des sens. Des amateurs du siècle se trompent aussi en n'aimant que les choses visibles. Un homme en vaut-il mieux parce qu'un autre homme l'estime grand ? Quand un homme en exalte un autre, c'est un menteur qui trompe un menteur, un superbe qui trompe un superbe, un aveugle qui trompe un aveugle, un malade qui trompe un malade; et les vaines louanges sont une véritable confusion pour qui les reçoit.

51. Qu'il faut s'occuper d'œuvres extérieures, quand l'âme est fatiguée des exercices spirituels

1. Ieschouah : Mon fils, vous ne sauriez sentir toujours une égale ardeur pour la vertu, ni vous maintenir sans relâche dans un haut degré de contemplation. Il est nécessaire à cause de la lourdeur de la chair et du monde, que vous descendiez quelquefois à des choses plus basses et que vous portiez, malgré vous et avec ennui, le poids de cette vie corruptible. Tant que vous traînerez ce corps mortel, vous éprouverez de grandes difficultés et l'angoisse du cœur. Vous ne pouvez donc pas continuellement vous appliquer aux exercices spirituels et à la contemplation divine.

2. Cherchez alors un refuge dans d'humbles occupations extérieures et dans les bonnes œuvres une distraction qui vous ranime. Attendez avec une ferme confiance mon retour et la grâce d'en haut. Apprenez à supporter patiemment votre exil et la sécheresse du cœur, jusqu'à ce que je vous visite de nouveau et que je vous délivre de toutes vos peines. Car je reviendrai et je vous ferai oublier vos travaux et jouir du repos intérieur.

52. Que la grâce ne fructifie point en ceux qui sont attachées aux choses de la terre

1. Ieschouah : Mon fils, apprenez à vous retirer dans un lieu secret et silencieux. Demeurez seul avec vous-même ou avec vos sœurs et frères, éloigné des agitations du monde afin que votre âme s'épanche devant Dieu en de ferventes prières pour acquérir une conscience pure. Détournez-vous du monde et occupez-vous de Dieu plutôt que des œuvres extérieures. Il faut vous séparer de vos connaissances superficielles et discipliner vos sens.

2. Oh, qu'il aura de la confiance à l'heure de la mort, celui que nul attachement ne retient en ce monde ! Mais un esprit encore malade ne comprend pas que le cœur soit ainsi détaché de tout et l'homme charnel ne connaît point la liberté de l'homme intérieur. Cependant pour devenir vraiment spirituel, il faut renoncer à ses proches comme aux étrangers et ne se garder de personne plus que de soi-même. Si vous parvenez à vous vaincre parfaitement, vous vaincrez aisément tout le reste. La parfaite victoire est de triompher de soi-même. Celui qui se tient tellement assujetti, que les sens obéissent à la raison et que la raison m'obéisse en tout, est véritablement vainqueur de lui-même et maître du monde.

3. Si vous aspirez à cette haute perfection, il faut commencer avec courage et mettre la cognée à la racine de l'arbre, pour arracher et détruire jusqu'aux restes les plus cachés de l'amour déréglé de vous-même et des biens sensibles. De cet amour désordonné que l'homme a pour lui-même naissent presque tous les vices qu'il doit vaincre et déraciner. Dès qu'il l'aura subjugué pleinement, il jouira d'un calme et d'une paix profonde. Mais parce qu'il en est peu qui travaillent à mourir

parfaitement à eux-mêmes, à sortir d'eux-mêmes entièrement, ils demeurent comme ensevelis dans la chair et ne peuvent s'élever au-dessus des sens. Celui qui veut me suivre librement, il faut qu'il dompte ses inclinations déréglées.

53. Des divers mouvements de la nature et de la grâce

1. Ieschouah : Mon fils, observez avec soin les mouvements de la nature et de la grâce, car, quoique très opposés, la différence en est quelquefois si imperceptible, qu'à peine un homme éclairé dans la vie spirituelle en peut en faire le discernement. Tous les hommes ont le désir du bien et tendent à quelque bien dans leurs paroles et dans leurs actions. C'est pourquoi plusieurs sont trompés dans cette apparence de bien.

2. La nature est pleine d'artifice. Elle attire, elle surprend, elle séduit et n'a jamais d'autre fin qu'elle-même. La grâce, au contraire, agit avec simplicité et fuit jusqu'à la moindre apparence du mal. Elle ne tend point de pièges et fait tout pour Dieu seul.

3. La nature répugne à mourir. Elle ne veut point être contrainte, ni vaincue, ni assujettie, ni se soumettre volontairement. Mais la grâce porte à se dépasser soi-même.

4. La nature travaille pour son intérêt propre et calcule le bien qu'elle peut retirer des autres. La grâce ne considère point ce qui lui est avantageux, mais ce qui peut être utile à plusieurs.

5. La nature aime à recevoir les respects et les honneurs. La grâce renvoie fidèlement à Dieu tout honneur et toute gloire.

6. La nature craint la confusion et le mépris.

7. La nature aime l'oisiveté et le repos du corps. La grâce ne peut être oisive et se fait une joie du travail intérieur.

8. La nature recherche les choses curieuses, belles et repousse avec horreur ce qui est vil et grossier. La grâce se complaît dans les choses simples et humbles. Elle ne dédaigne point ce qu'il y a de plus rude et ne refuse point de se vêtir de haillons.

9. La nature convoite les biens du temps, elle se réjouit du gain terrestre, s'afflige d'une perte et s'irrite d'une légère injure. La grâce n'aspire qu'aux

biens éternels et ne s'attache point à ceux du temps. Elle ne se trouble d'aucune perte et ne s'offense point des paroles les plus dures, parce qu'elle a mis son trésor et sa joie dans le ciel, où rien ne périt.

10. La nature est avide et reçoit plus volontiers qu'elle ne donne. Elle aime ce qui lui est propre et particulier. La grâce est généreuse et ne se réserve rien. Elle évite la singularité, se contente de peu et croit qu'il est plus heureux de donner que de recevoir.

11. La nature porte vers les créatures, la chair et les vanités. La grâce élève à Dieu, excite la vertu, fuit le monde, dépasse les désirs de la chair, ne se répand point au-dehors et rougit de paraître devant les hommes.

12. La nature se réjouit d'avoir quelque consolation extérieure qui flatte le penchant des sens. La grâce ne cherche de consolation qu'en Dieu seul et, s'élevant au-dessus des choses visibles, elle met tous ses délices dans le souverain bien.

13. La nature agit en tout pour le gain et pour son avantage propre. Elle ne sait rien faire gratuitement mais, en obligeant, elle espère obtenir quelque chose d'égal ou de meilleur, des faveurs ou des louanges. Elle veut qu'on tienne pour beaucoup tout ce qu'elle fait et tout ce qu'elle donne. La grâce ne veut rien de temporel. Elle ne demande d'autre récompense que Dieu seul et ne désire des choses du temps, même les plus nécessaires, que ce qui peut lui servir pour acquérir les biens éternels.

14. La nature se complaît dans le grand nombre des amis. Elle se glorifie d'un rang élevé et d'une naissance illustre. Elle sourit aux puissants, flatte les riches et applaudit à ceux qui lui ressemblent. La grâce aime ses ennemis mêmes et ne s'enorgueillit point du nombre de ses amis. Elle ne compte pour rien la noblesse et les ancêtres, à moins qu'ils ne se soient distingués par la vertu. Elle favorise plutôt le pauvre que le riche, compatit plus à l'innocent qu'au puissant, recherche l'homme vrai, fuit le menteur et ne cesse d'exhorter les bons à s'efforcer de devenir meilleurs par leurs vertus.

15. La nature est prompte à se plaindre de ce qui lui manque et de ce qui la blesse. La grâce supporte avec constance la pauvreté.

16. La nature rapporte tout à elle-même, combat, discute pour ses intérêts. La grâce ramène tout à Dieu, de qui tout émane originairement;

elle ne s'attribue aucun bien, ne présume point d'elle-même avec arrogance, ne conteste point, ne préfère point son opinion à celle des autres; mais elle soumet toutes ses pensées et tous ses sentiments à l'éternelle sagesse.

17. La nature est curieuse de secrets et de nouvelles. Elle veut se montrer et voir et examiner par elle-même. Elle désire d'être connue et de s'attirer la louange et l'admiration. La grâce ne s'occupe point de nouvelles ni de ce qui nourrit la curiosité. Tout cela n'est que la renaissance d'une vieille corruption, puisqu'il n'y a rien de nouveau ni de stable sur la terre. Elle enseigne à réprimer les sens, à fuir la vaine complaisance et l'ostentation, à cacher humblement ce qui mérite l'éloge et l'estime et à ne chercher en ce qu'on sait et en toute chose, que ce qui peut être utile et l'honneur et la gloire de Dieu. Elle ne veut point qu'on ne loue ni elle ni ses œuvres; mais elle désire que Dieu soit béni dans les dons qu'il répand par pur amour.

18. Cette grâce est une lumière surnaturelle, un don spécial de Dieu. C'est proprement le sceau des élus. C'est le gage du salut éternel. De la terre, où son cœur gisait, elle élève l'homme jusqu'à l'amour des biens célestes et le rend spirituel, de charnel qu'il était. Plus donc on se détache de la nature, plus la grâce se répand avec abondance. Chaque jour, par de nouvelles effusions, elle rétablit au-dedans de l'homme l'image de Dieu.

54. De la lourdeur de la nature et de l'efficacité de la grâce divine

1. L'adepte : Seigneur mon Dieu, qui m'avez créé à votre image et à votre ressemblance, accordez-moi cette grâce dont vous m'avez montré l'excellence et la nécessité pour le salut, afin que je puisse vaincre ma nature imparfaite qui m'enchaîne. Car je sens en ma chair cet asservissement des sens. Je ne puis résister aux passions qu'ils soulèvent en moi, si vous ne me secourez, en ranimant mon cœur par l'effusion de votre sainte grâce.

2. Votre grâce est nécessaire pour vaincre la nature. Cette nature même, que vous avez créée dans la justice et dans la droiture, laissée à elle-même, son propre mouvement ne la porte qu'aux passions des choses

de la terre. Le peu de force qui lui reste est comme une étincelle cachée sous la cendre. C'est cette raison naturelle, environnée de profondes ténèbres, sachant encore discerner le bien du mal, le vrai du faux, mais impuissante à accomplir ce qu'elle approuve, parce qu'elle ne possède pas la pleine lumière de la vérité et que toutes ses affections sont malades.

3. De là vient, mon Dieu, que je me réjouis de votre présence en mon âme. Mais, dans ma chair, je me sens faible et vulnérable, obéissant plutôt aux sens qu'à la raison, voulant le bien et n'ayant pas la force de l'accomplir. C'est pourquoi souvent je forme de bonnes résolutions, mais la grâce qui aide ma faiblesse venant à manquer, au moindre obstacle je cède et je tombe. Je découvre la voie de la perfection et je vois clairement ce que je dois faire. Mais accablé du poids de ma chair, je ne m'élève à rien de parfait.

4. Oh, que votre grâce, Seigneur, m'est nécessaire, pour commencer le bien, le continuer et l'achever ! Car sans elle je ne puis rien faire, mais je puis tout en vous, quand votre grâce me fortifie. Ô grâce vraiment céleste, sans laquelle nos mérites et les dons de la nature ne sont rien ! Les arts, les richesses, la beauté, la force, le génie, l'éloquence n'ont aucun prix, Seigneur, à vos yeux, sans la grâce. Car les dons de la nature sont communs aux bons et aux méchants, mais la grâce ou la charité est le don propre des élus. Elle est le signe auquel on reconnaît ceux qui sont dignes de la vie éternelle. Telle est l'excellence de cette grâce, que ni le don de prophétie, ni le pouvoir d'opérer des miracles, ni la plus haute contemplation, ne doivent être comptées pour quelque chose sans elle. Ni la foi, ni l'espérance, ni les autres vertus, ne vous sont agréables sans la grâce et sans la charité.

5. Ô bienheureuse grâce, qui rendez riche en vertus le pauvre d'esprit et celui qui possède de grands biens, humble de cœur ! Venez, descendez en moi, remplissez-moi dès le matin de votre présence, de peur que mon âme, épuisée, aride, ne vienne défaillir de lassitude. J'implore votre grâce, ô mon Dieu ! Si je suis éprouvé, tourmenté par beaucoup de tribulations, je ne craindrai aucun mal, tandis que votre grâce sera avec moi. Elle est ma force, mon conseil, mon appui. Elle est plus puissante que tous les ennemis et plus sage que tous les sages.

6. Elle enseigne la vérité et règle la conduite; elle est la lumière du cœur et sa consolation dans l'angoisse. Elle chasse la tristesse, dissipe la

crainte, nourrit la piété, produit les larmes. Que suis-je sans elle, qu'un bois sec, un rameau stérile qui n'est bon qu'à jeter ? Que votre grâce, Seigneur, me prévienne donc et m'accompagne toujours. Qu'elle me rende sans cesse attentif à la pratique des bonnes œuvres. Je vous en conjure par Ieschouah, votre Fils. Qu'il en soit fait ainsi !

55. Que nous devons renoncer à nous-mêmes et imiter Ieschouah

1. Ieschouah : Mon fils, vous n'entrerez en moi qu'autant que vous sortirez de vous-même. Comme on possède en soi la paix lorsqu'on ne désire rien au-dehors, ainsi le renoncement intérieur unit à Dieu. Je veux que vous appreniez à renoncer à vous-mêmes pour vous élever vers le divin. Suivez-moi car je suis la voie, la vérité et la vie. Sans la voie on n'avance pas. Sans la vérité on ne connaît pas et on ne vit point sans la vie. Je suis la voie que vous devez suivre, la vérité que vous devez croire, la vie que vous devez espérer. Je suis la voie qui n'égare point, la vérité qui ne trompe point, la vie qui ne finira jamais. Je suis la voie droite, la vérité souveraine, la véritable vie, la vie bienheureuse, la vie incréée. Si vous demeurez dans ma voie, vous connaîtrez la vérité, elle vous délivrera et vous obtiendrez la vie éternelle.

2. Si vous voulez parvenir à la vie, méditez sur ma vie. Si vous voulez posséder la vie bienheureuse, détachez-vous de la vie présente. Si vous voulez être élevé dans le ciel, renoncez aux pulsions incontrôlées. Si vous voulez régner avec moi, priez et espérez.

3. L'adepte : Seigneur Ieschouah, donnez-moi la grâce de vous imiter. Je veux vivre selon vos principes et dépasser ce monde de douleurs.

4. Ieschouah : Mon fils, puisque vous avez lu et que vous savez toutes ces choses, vous serez heureux si vous les pratiquez. Celui-là m'aime, qui connaît et observe mes commandements. Je l'aimerai aussi et je me manifesterai à lui. Je le ferai asseoir avec moi dans le royaume de mon Père.

5. L'adepte : Seigneur Ieschouah, qu'il soit fait selon votre parole et votre promesse. Rendez-moi digne de ce bonheur immense. Je vivrai selon votre exemple jusqu'à ma mort. J'ai commencé, il n'est plus permis de retourner en arrière.

6. Allons, mes sœurs et frères, marchons ensemble car Ieschouah sera avec nous. Pour Ieschouah, nous nous sommes chargés de nous parfaire. Il sera notre soutien, celui qui est notre guide. Voilà que notre Roi marche devant nous et il nous assistera dans le combat.

56. Qu'on ne doit pas se laisser trop abattre quand on tombe en quelques fautes

1. Ieschouah : Mon fils, la patience et l'humilité dans les traverses me plaisent plus que beaucoup de joie et de ferveur dans la prospérité. Pourquoi vous attrister d'une faute légère qu'on vous attribue ? Même grave, vous ne devriez pas en être ému. Laissez donc tomber cela. Ce n'est pas une chose nouvelle, ni la première fois que vous l'éprouvez et ce ne sera pas la dernière, si vous vivez longtemps. Vous avez assez de courage quand il ne vous arrive rien de fâcheux. Vous savez même conseiller bien les autres et les fortifier par vos discours. Mais lorsqu'il vous survient une affliction soudaine, vous manquez de conseil et de force. Considérez votre extrême fragilité, dont vous avez si souvent l'expérience dans les plus petites choses.

2. Bannissez de votre cœur, autant que vous le pourrez, tout ce qui le trouble. A-t-il été surpris, qu'il ne se laisse point abattre, mais qu'il se dégage sur-le-champ. Souffrez au moins avec patience, si vous ne pouvez souffrir avec joie. Lorsque vous êtes peiné d'entendre certaines choses et que vous en ressentez de l'indignation, modérez-vous et veillez à ce qu'il ne vous échappe aucune parole trop vive qui scandalise les faibles. Votre émotion s'apaisera bientôt et le retour de la grâce adoucira l'amertume intérieure. Je suis toujours vivant, dit le Seigneur, pour vous secourir et vous consoler plus que jamais, si vous mettez en moi votre confiance et si vous m'invoquez avec ferveur.

3. Armez-vous de constance et préparez-vous à souffrir encore davantage. Tout n'est pas perdu, quoique souvent vous soyez dans le trouble et tenté violemment. Vous êtes un homme et non pas un Dieu. Vous êtes de chair et non pas un ange. Comment pourriez-vous toujours vous maintenir dans un égal degré de vertu lorsque cette persévérance a manqué à l'ange dans le ciel et au premier homme dans

le paradis ? C'est moi qui soutiens et qui délivre ceux qui gémissent; et j'élève jusqu'à moi ceux qui reconnaissent leur infirmité.

4. L'adepte : Seigneur, que votre parole soit bénie. Elle m'est plus douce que le miel à ma bouche. Que ferais-je au milieu de tant d'afflictions et d'angoisses, si vous ne me ranimiez par vos saintes paroles ? Pourvu que je parvienne enfin au port du salut, peu m'importe que je souffre et combien je souffre. Accordez-moi une bonne fin : donnez-moi de passer heureusement de ce monde à l'autre. Souvenez-vous de moi, mon Dieu et conduisez-moi dans la voie droite vers votre royaume. Ainsi soit-il.

57. Qu'il faut reconnaître les choses hors de notre compréhension et pratiquer l'humilité

1. Ieschouah : Mon fils, gardez-vous de disserter sur des sujets trop hauts et sur les jugements cachés de Dieu : pourquoi l'un est abandonné tandis qu'un autre reçoit des grâces si abondantes ? Pourquoi celui-ci n'a que des afflictions et celui-là est comblé d'honneurs ? Tout cela est au-dessus de l'esprit de l'homme et nulle raison ne peut, quels qu'en soient ses efforts, pénétrer ces raisons. Quand donc vous avez de semblables pensées ou que les hommes vous pressent de questions curieuses, sachez distinguer ce qui est hors de votre entendement.

2. Il faut reconnaître ces questions s'élevant hors de l'intelligence humaine. Ne disputez pas non plus des mérites des sages, ne recherchez point si celui-ci est plus saint que cet autre, ni quel est le plus grand dans le royaume des cieux. Ces recherches produisent souvent des différends et des contestations inutiles. Elles nourrissent l'orgueil et la vaine gloire, d'où naissent des jalousies et des dissensions, celui-ci préférant tel saint, celui-là tel autre et voulant qu'il soit le plus élevé. L'examen de pareilles questions, n'apporter aucun fruit.

3. Quelques-uns ont un zèle plus ardent, une affection plus vive pour quelques saints que pour d'autres; mais cette affection vient plutôt de l'homme que de Dieu.

4. Gardez-vous donc de raisonner sur ces choses qui passent votre intelligence. Travaillez plutôt avec ardeur à vous parfaire, vivant selon les principes les plus purs. Celui qui pense à sa nature, à son peu de

vertu, qui considère combien il est éloigné de la perfection, se rend plus agréable à Dieu que celui qui dispute sur le degré plus ou moins élevé de leur gloire.

5. Plusieurs recherchent qui est le premier dans le royaume de Dieu, lesquels ignorent s'ils seront dignes d'être comptés parmi les derniers. Ainsi, quand mes disciples demandèrent qui serait le plus grand dans le royaume des cieux, ils entendirent cette réponse : « Si vous ne vous convertissez et ne devenez comme des petits enfants, vous n'entrerez point dans le royaume des cieux. Celui donc qui se fera petit comme cet enfant sera le plus grand dans le royaume des cieux ».

6. Malheur à ceux qui ne pratiquent pas l'humilité parce que la porte du ciel est basse et qu'ils n'y pourront passer. Humbles, réjouissez-vous parce que le royaume de Dieu est à vous, si cependant vous marchez dans la vérité.

58. Qu'on doit mettre toute son espérance et toute sa confiance en Dieu seul

1. L'adepte : Seigneur, quelle est ma confiance en cette vie et ma plus grande consolation au milieu de tout ce qui s'offre à mes regards sous le ciel ? N'est-ce pas vous, Seigneur mon Dieu, dont la miséricorde est infinie ? Où ai-je été bien sans vous ? J'aime mieux être pauvre à cause de vous que riche sans vous. J'aime mieux être avec vous voyageur sur la terre, que de posséder le ciel sans vous. Où vous êtes, là est le ciel. Vous êtes tout mon désir et c'est pourquoi je ne puis, loin de vous, que soupirer, gémir et prier. Je ne puis me confier pleinement qu'en vous, ni espérer dans mes besoins de secours que de vous seul, ô mon Dieu ! Vous êtes mon espérance, ma confiance, mon consolateur toujours fidèle.

2. Tous cherchent leur propre intérêt. Vous seul ne cherchez que mon salut et mon avancement et disposez tout pour mon bien. Même quand vous m'exposez à beaucoup de tentations et de peines, c'est encore pour mon avantage, car vous avez coutume d'éprouver ainsi ceux qui vous sont chers. Et je ne dois pas moins vous aimer ni vous louer dans ces épreuves, que si vous me remplissiez des plus douces consolations.

3. C'est donc en vous, Seigneur mon Dieu, que je mets mon espérance et mon appui. C'est dans votre sein que je dépose mes afflictions et mes angoisses, car je ne trouve que faiblesse et inconstance dans tout ce que je vois hors de vous.

4. Car tout ce qui semble devoir procurer la paix et le bonheur n'est rien sans vous et réellement ne sert de rien pour rendre heureux. Vous êtes donc le principe et le terme des biens, la plénitude de la vie, la source inépuisable de toute lumière et de toute parole. Mes yeux sont élevés vers vous et je mets en vous ma confiance. Sanctifiez mon âme. Bénissez-la de votre céleste bénédiction, afin qu'elle devienne votre demeure sainte, le siège de votre éternelle gloire et que, dans ce temple où vous ne dédaignez pas d'habiter, il n'y ait rien qui offense vos regards. Regardez-moi, Seigneur, dans votre immense bonté et, selon l'abondance de vos miséricordes, exaucez la prière de votre serviteur, misérable exilé loin de vous dans la région des ténèbres et de la mort. Protégez et conservez mon âme au milieu des dangers de cette vie corruptible. Que votre grâce l'accompagne et la conduise, par le chemin de la paix, dans la patrie de l'éternelle lumière. Qu'il en soit ainsi !

www.ingramcontent.com/pod-product-compliance
Lightning Source LLC
Chambersburg PA
CBHW070053100426

42740CB00013B/2837